Horn

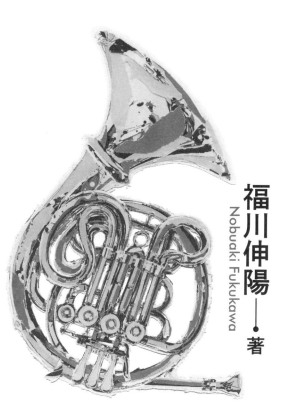

もっと音楽が好きになる
上達の基本

ホルン

福川伸陽 著
Nobuaki Fukukawa

音楽之友社

はじめに

　うまくなりたい。
　僕は中学1年生で初めてホルンの音が出たときから、大人になった今まで、この「うまくなりたい」という気持ちが途絶えたことがありません。
　この本を手に取ってくださったのは、あなたにもその気持ちがあるからこそだと思います。

　この本では、二つの大きなこだわりをもって書きました。一つは、ホルンの「テクニック」の部分と「音楽表現」の部分をできるだけ関連するように書くこと。僕自身を振り返ると、音楽的なアイディアが湧き、そのアイディアに見合うだけのテクニックを身に付けるために練習に励み、そして向上したテクニックからまた音楽的なアイディアが湧いてくる、という相乗効果がいちばん楽しいものだったからです。
　そしてもう一つは、最終的な判断をあなた自身に委ねる部分を、通常の教則本よりも多くすること。僕自身が知っている「答え」を書き記すのはまったく難しくなかったのですが、あえて曖昧な部分を残すことにしたのは、自分で自分と対話し、試行錯誤しながら考えて先に進んでほしいと思っているからです。なぜなら、僕はもとより、あなたの先輩やレッスンの先生が、あなたの現状を完璧に理解することは決してないからです。彼らはあなたと同じ骨格でもなければ、手の大きさも、唇の形も違います。もちろん

彼らのアドヴァイスは大いにあなたの役にたつでしょう。しかし、自分の状態がいちばんわかるのは自分です。うまくなるいちばんの近道は、自分自身を客観的に見つめることだと強く思います。

　この、自分自身で考えるという行為は、調子が悪くなってしまったり、悩んでしまったりと、何かにつまずいたときにもあなたの助けとなります。多くの人はそんなときにすぐ誰か（または何か）に頼り、インスタントな解答を得ようとします。僕も以前はそうでしたが、例えばインターネットで検索して出てくるような答えでしたら、そもそもが大したつまずきではなかったのでしょう。本当に難しい問題に直面したときは、自分の力で考え、自分が行動して解決する以外にありません（その結果、何かに頼ることもあると思います）。

　なによりも、この「自分に向き合い、深く考え、そして何かをする」という行為自体が、偉大な美術家や作家、音楽家全員がやってきた、「芸術」そのものなのです。そのようなたゆまぬ努力を重ねることのできた人々こそが、後世に天才と呼ばれることになったのでしょう。

　人は誰しも道半ば。それでも先へ進もうとするあなたの、少しでも助けになりますように。

福川伸陽

もっと音楽が好きになる
上達の基本 ホルン

CONTENTS

はじめに ………………………………………………………………… 2

きほんの「き」 音楽を始める前に　　　　　　　　　　　　　　　7

- その❶　ホルンの歴史 ……………………………………………… 8
- その❷　楽器の構造 ………………………………………………… 10
- その❸　マウスピースの選び方 …………………………………… 14
- その❹　楽器の構え方 ……………………………………………… 18
- その❺　呼吸 ………………………………………………………… 23
- その❻　アンブシュア ……………………………………………… 26

きほんの「ほ」 自由に音を奏でよう　　　　　　　　　　　　　　31

- その❶　基礎練習の目的 …………………………………………… 32
- その❷　ウォーミングアップ ……………………………………… 34
- その❸　スラーとレガート ………………………………………… 36
- その❹　タンギングと発音 ………………………………………… 39
- その❺　音域の拡大 ………………………………………………… 42
- その❻　ロングトーン ……………………………………………… 48
- その❼　ベルアップ ………………………………………………… 49
- その❽　ダイナミクスの拡大 ……………………………………… 50
- その❾　グリッサンド ……………………………………………… 52
- その❿　ゲシュトップとミュート ………………………………… 54
- その⓫　ピッチのコントロール …………………………………… 56
- その⓬　ベンディングとヴィブラート …………………………… 57
- その⓭　重音 ………………………………………………………… 59
- その⓮　取り組みたいエチュード ………………………………… 60
- その⓯　1日10分のデイリートレーニング ……………………… 62

きほんの「ん」奏法から表現へ　63

- その❶ 独奏楽器としてのホルン ………… 64
- その❷ アンサンブル奏者として ………… 68
- その❸ スコアの使い方 ………… 71

きほんの「上」に 楽しく音楽を続けよう　75

- その❶ 1日の練習の組み立て方 ………… 76
- その❷ メンテナンス ………… 78
- その❸ 楽器を習う、教える ………… 84
- その❹ 僕の音楽的価値観 ………… 86
- その❺ 緊張 ………… 88

おわりに　91

特別寄稿「本番力」をつける、もうひとつの練習
- ● 誰にでもできる「こころのトレーニング」(大場ゆかり) ………… 92

[とじこみ付録] 福川伸陽オリジナル　デイリートレーニング・シート

※ 本文中の譜例のうち、特に移調管の指定がないものはすべて in F で記譜されています。

※ 本書は『Band Journal』誌 2013 年 5 月号から 2014 年 4 月号に連載された「演奏に役立つ ONE POINT LESSON」に大幅な加筆訂正を行ったものです

ホルン Horn

各部の名称

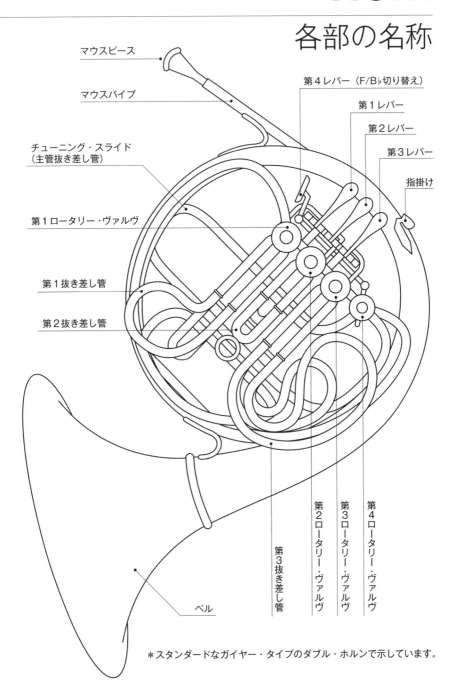

*スタンダードなガイヤー・タイプのダブル・ホルンで示しています。

きほんの「き」

音楽を始める前に

Horn

ホルンの歴史

写真1　ウードリ:《最後の褒美に群がる猟犬》(1746年) より。当時、猟犬による追い込み猟で大巻きの肩かけホルンが合図に用いられた

●かたちの起源

　Hornという語には動物の角という意味があり、古い時代には、その名のとおり牛の角をくり抜いた楽器が吹奏されていました。現在のようにステージの上で演奏するものではなく、野山で動物を狩るときの合図や、戦争の号令にも使われていたのです。日本の時代劇などで見る「法螺貝」も、唇を震わせて音を出しているので、発音原理は一緒です。

　ヨーロッパの金属加工技術が発達するにつれて、馬に乗って持ち運びやすい形状、つまり肩にかけられる丸い形の真鍮の管になりました。

　音の出るところが後ろを向いているホルン独特の形状は、乗っている馬を驚かせないため、遠く離れた後方にいるグループへ合図を伝えるためなど、諸説ありますが、この当時は細い管と小さなベルで、今のホルンからは想像

もできないような甲高い音色をしていました。

　ホルンがオーケストラに参加し始めたのはこの頃のことです。自然倍音しか出なかった当時の楽器の不安定な音程を、ベンディング（p.57参照）と呼ばれる奏法によってコントロールしていたのです。

● ハンド・ストッピングの発見

　18世紀半ば頃になると、ベルの中に手を添えて調整することで自然倍音と自然倍音の間の音を吹けることが発見されました。

　ハンド・ストッピングと呼ばれるこのテクニックは、倍音の密集している高音域でしか旋律を吹けなかった狩りのホルンに、中音域での活躍をもたらしました。モーツァルトの4つの《ホルン協奏曲》や《ホルン五重奏曲》などは、この恩恵を受けた最たるものでしょう。

　産業革命で金属加工技術が進み、ヴァルヴの発明によってすべての音を滑らかに演奏することができるようになった今でも、ホルンのベルに右手が入っていて、奏法の一つに「ゲシュトップ」（ふさぐの意）があるのは、このような歴史の名残なのです。

写真2　ハンド・ストッピング奏法の登場で中音域の自由度が高まった（オーケストラ・リベラ・クラシカ：写真提供 鈴木秀美氏）

楽器の構造

　一口にホルンと言っても、構造の異なるさまざまな種類があります。特に大きな違いは管の種類です。自分の楽器を確認してみましょう。

●基本的な分類

◆ダブル・ホルン

　世界中で最も広く使われています。F管とB♭管が組み合わさり、それぞれの抜き差し管に息が独立して流れる仕組みです。両方の管を使うことによって、運指や音色に大きな幅を持たせることができます。大きく分けて以下の二つのタイプに分かれます（写真3参照）。

①ガイヤー・タイプ

　F／B♭管切り替えの第4ロータリーが第3ロータリーの下にあり、マウスパイプがクルスペ・タイプより長く取れるように設計されています。深い音色と、スムーズな音のつながりが特徴です。

②クルスペ・タイプ

　第4ロータリーが親指側にあり、短めのマウスパイプが特徴です。明るい音色と、クリアな反応が得やすい設計です。

◆シングル・ホルン

　B♭管のみ、もしくはF管のみで作られたこのホルンは、その軽さゆえとても演奏しやすい楽器で、ダブル・ホルンにはない純粋な音も魅力的です。ヴァルヴの構造は大きく違いますが、ウインナー・ホルンもシングル・ホルンの一つです。

◆セミダブル・ホルン

　F管を使用するときは、B♭管の長さを延長補正してF管の長さにすると

いう素晴らしいアイディアのこのホルンは、ダブル・ホルンとシングル・ホルンの両方の良さをもちます。運指の可能性と演奏しやすさの両立が見事に成立していますが、F管が鳴りづらいのが少々難点です。

◆トリプル・ホルン

　ダブル・ホルンに、より短いE♭やFの管が付いたものです。短い管の使い道としては、主に高音域の確実性を増すためですが、そのほかの用途として、低音を強い音で鳴らしたいとき、音色を軽くしたいとき、レガートをより純粋に演奏したいときなどに使うこともできます。重量が増えたことによるしっかりした音が魅力である一方、短いマウスパイプで自分の望む音色をつくるのには熟練が必要です。

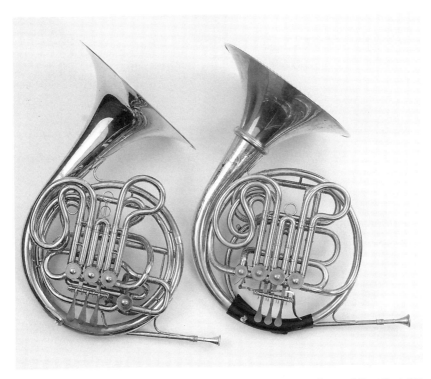

写真3　クルスペ・タイプ（左）とガイヤー・タイプ（右）のダブル・ホルン。第4ロータリーの違いに注目

●素材や構造による分類

素材や構造によって、どのような違いがあるでしょうか。

◆素材の違い

真鍮(ちゅう)は銅と亜鉛の合金で、銅の成分がゴールド・ブラスに比べて少ないものを**イエロー・ブラス**と呼びます。イエロー・ブラスよりさらに銅の割合を減らして、ニッケルを加えた合金が、楽器に使われる**ニッケル・シルバー**。実際はほんの少ししか成分の割合が変わりません。

それぞれのイメージを対比的に挙げると以下のようになります。

▶**イエロー・ブラス**：明るく張りのある音
▶**ゴールド・ブラス**：柔らかくコクのある音
▶**ニッケル・シルバー**：反応が良く安定感のある音

これはあくまで材質としての比較です。マウスピースの形状、マウス・パイプの広がり方やベルの太さなどにより、音色やタッチは大きく変化します。

◆ベルが取りはずし可能かどうか

ベルが一体化したものを**ワンピース**、取外し可能なものを**デタッチャブル**と呼びます。大きいケースが必要なワンピースのホルンをわざわざ使っている奏者は、デタッチャブル派の奏者から見ると信じがたいものがあります。しかし、一体化したベル部を伝わるナチュラルな振動＝音は、デタッチャブルのホルンにはない美しさがあります。その虜(とりこ)になっている奏者は多いのですが、持ち運びの不便さのために、それを諦(あきら)める人が圧倒的に多いのも事実です。

◆ラッカーの有無

表面にラッカーを塗った楽器は、手入れが簡単で、明るくハッキリした音がつくりやすいのが特徴です。ラッカーを塗っていないいわゆるノー・

ラッカーの楽器は、メンテナンスに気を使わなければいけない反面、深く柔らかい音をもっています。

すべての楽器タイプに言えることですが、**どちらが良いか悪いかではなく、どちらが好きか**で決めましょう。

◆ベルの太さ

太ベルと細ベルの違いは、太い筆と細い筆に例えると最もわかりやすいと思います。つまり、絵を描くときに、ダイナミックな絵を描きたいのか、それとも細部まで神経が届いた繊細な絵を描きたいのか。当然、太い筆では細かいことが難しく、細い筆では一定以上の太い線は描けません。

これをそのままホルンで考えてみましょう。

豊かな厚い音を得意とする太ベルは、細かい音や小さい音を演奏するのが難しい。クリアで繊細な表現を得意とする細ベルは、朗々としてゆったり歌うフレーズを魅力的に演奏するのが難しいかもしれません。

あなたの演奏したいスタイルに合わせて選ぶことが大事です。

column コラム 新記譜法と旧記譜法

ホルンのヘ音記号には新記譜法と旧記譜法の二通りの読み方があります。

ト音記号と同じようにヘ音記号でも実音より完全5度高く記す新記譜法とは異なり、旧記譜法ではヘ音記号の音を実音より完全4度低く記します。旧記譜法ではヘ音記号の音だけが新記譜法より1オクターヴ低く書かれるのです。どちらの記譜法かは、多くの場合前後の音やフレーズから判断できますが、判断が難しいこともあります。

この本では、オーケストラや吹奏楽の抜粋の譜例以外は新記譜法で表記しています。

旧記譜法　　新記譜法

マウスピースの選び方

●小さくとも影響は大きいマウスピース

マウスピースとは不思議なもので、10cmにも満たないこの小さな部品にたくさんの表現の可能性が秘められています。また、人間の感覚は鋭敏で、唇は0.01mmのサイズの違いを繊細に感じ取り、カップの形状やスロートの差などは吹奏感、音色に多大なる影響を及ぼします。一人一人の顔が違うように、その人に合ったマウスピースというものは人と違って当たり前です。そのため、世界中のさまざまなメーカーが星の数ほどのモデルを作っており、一人で何百本も所有する探求熱心なプレイヤーも存在するほどです。

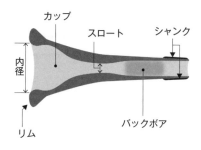

図1　マウスピースの各部名称

●上達段階に合わせた選び方

①初心者の選び方

ホルンを専門的に教えてくれる奏者が身近にいれば、アドヴァイスを聞きながら選ぶことが疑いようもなく最善の方法ですが、そうではない場合、あなたの唇が人並みはずれて厚い、薄いなどの場合を除いて、**中道を行くマウスピースを選ぶ**ことが、ホルン人生の最も幸先のいいスタートとなるでしょう。つまり、次のようなマウスピースです。

▶**内径**が大き過ぎず、小さ過ぎず
▶**リム**が平べった過ぎず、丸過ぎず、厚過ぎず、細過ぎず
▶**カップ**が浅過ぎず、深過ぎず
▶**スロート**が太過ぎず、細過ぎず

はじめはわからないことだらけだと思いますので、楽器店の店員さんに聞いてみるのも一つです。自分でインターネットを使って調べることもできるでしょう。その中で**自分が「吹きやすい」と思うもの**がいちばんよいです。

「ちょうど真ん中あたり」の一つの目安として、メーカーと型番の例をいくつか挙げておきます。

- ▶B. ティルツ：S8
- ▶JK：2DM A1、2DK A1
- ▶ヤマハ：32C4
- ▶アレキサンダー：8M

ホルンにはアメリカン・シャンクとヨーロピアン・シャンクという2種類のシャンクがあります。マウスピースと楽器の角度が合っていないと、マウスピースがあまり入らなかったりガタガタしたりして、音程やバランスが崩れてしまいます。わからないときは型番を確認してインターネットで調べたり、楽器店で聞いてみたりしましょう。

②中級者の選び方

ホルンにも慣れ、新しい楽器や新しいマウスピースがほしいな、と思い始めた今日この頃。そんなあなたがいちばん陥りやすい間違いをあえて書きます。マウスピースや楽器を変えたところで、急に高い音がバンバン出たり、低い音をとどろかせることができるようになって、**劇的にうまくなるなどという夢のようなことは絶対ありません**。もしあったとしても一時的なものです。もしそのような目的であれば、**道具を変えるより練習**しましょう。お金もかからず確実にうまくなることができます。

「道具に頼る」雑念を捨ててマウスピースの世界に飛び込み、注意深く自分の音に耳を傾けると、音色の違いやタッチの差などがモデルによってほんの少し変わることに気付くでしょう。

自分に足りないものを助けてくれるマウスピースを選ぶか、得意なとこ

ろをさらに伸ばしてくれるマウスピースを選ぶかはあなた自身の判断にかかっています。

　ホルンについていろいろ分かってきた今、「自分の好みのスタイル」を考えはじめてもよいのではないでしょうか。

③上級者の選び方

　ある程度ホルンが吹けるようになってくると、周りと自分の相性を考えなければなりません。「スタミナがほしい！」など切実な願いも出てくるでしょう。

　次ページでマウスピースの各部位の形状の違いと特徴を一覧にまとめました。ただし、人それぞれ骨格や唇の形状に違いがあるので絶対的なものではありません。ある特徴に"偏った"マウスピースは、同時に反対方向の表現ができなくなる可能性があるということに注意してください。また、楽器本体との相性も大事です。明るく反応の良い楽器と、温かく暗い響きのマウスピースを組み合わせるのは、悪くはありませんが両方の良いところを打ち消してしまう場合があります。マウスピース選びは慎重に！

④超上級者の選び方

　たくさんのマウスピース選びの旅を通して、**「一つですべてを網羅するマウスピースはない」**ことに気付いてしまったあなた。

　ブラームスの深く暗い音とドビュッシーの薄く揺蕩（たゆた）うような光の音、モーツァルトのシンプルな音楽に合う音と、マーラーの心の叫びのような音……。理想を言うならば、それぞれの時代、それぞれの地域、それぞれの作曲家に合ったマウスピースと楽器があってはじめて、作曲家の想像したような音楽を再現することが可能になります。

　逆説的に言うならば、一つの楽器、一つのマウスピースですべての表現力を最大限に発揮できるように努力することが、ホルン奏者としての腕の見せどころでもあるでしょう。

　あなたはどちらのタイプを目指しますか？

●マウスピース各部の違いと特徴

リム形状	平べったい	ピタッとフィットするため安定感があるが、自由度が少ない
	丸い	点で唇に当たるので自由がきくが、疲れやすい
	厚い	クッションが多いので安定し疲れにくいが、動きづらい
	薄い	反応が良いが支えが少ない分、スタミナの消耗が早い
	内側の角が丸い	発音が柔らかくなる
	内側の角が鋭角	発音がはっきりする
内径	大きい	音量や響きの幅が増えるが、自分にとって大き過ぎると唇の振動が足りず息が不足することも
	小さい	音がまとまりやすく小回りがきくが、自分にとって小さ過ぎると自由がきかず音量や音域が狭くなる
カップ	U	明るい音色。吹奏感に適度な抵抗感がある
	V	落ち着いたダークな音色。ストレートな吹奏感
	UVまたはVU（Wカップ）	UカップとVカップの間の吹奏感
	浅い	明るく華やかな音色。浅過ぎると響きがつぶれやすい
	深い	太く豊かな音色。深過ぎるとスカスカした響きになる
スロート	細い	息が集まりやすくコンパクトにまとまる
	太い	ストレスなく息が入り、より音量が増える
バックボア	広がりが大きい	柔らかい響きになる
	広がりが小さい	明るい響きになる
重量	重い	抵抗が増え、重厚な響きになる
	軽い	反応が良く、明るく軽やかな音色になる
材質	真鍮(ちゅう)	一般的な金属。柔らかく華やかな音色
	ニッケル	真鍮(ちゅう)よりも硬い金属。パキッとして立ち上がりの良い音色
メッキ	銀	一般的なメッキ。柔らかな音色
	金	華やかな音色。立ち上がりが良い
	プラチナ	とても硬い金属。抵抗感がありハッキリとした音色

きほんの「き」

楽器の構え方

　体格の小さい人にとってホルンは重く大きく、無理な姿勢で演奏している姿をよく見ます。これは右手と左手の役割と位置が大きく違う楽器であることにも原因があります。

●無理のある姿勢

次のような姿勢にならないよう、注意が必要です。

> ▶**脇が締まっている**
> 　→上半身が固まってしまい、ブレスが妨げられる
> ▶**ベルが体に多く当たっている**
> 　→音がモコモコしてしまう、周りの空間に響かせられない
> ▶（身長の関係もあって）**体がのけぞっている、曲がっている、傾いている、ねじれている**
> 　→マウスパイプと口のセッティングがうまくいかない、ブレスが妨げられる、余計な力が入ってしまう

●良い姿勢の特徴

　ホルンを吹くうえで、もっとも体に負担の出ない構え方は、**顔をわずかに左に向け、楽器を構える姿勢**です。顔を正面に向けたいときは、上半身、下半身ともにやや右を向き、顔だけ正面へ。**体を右にねじらないように！**

◆**座奏時**

　椅子に座って吹く座奏で、ベルを太ももにに置かない場合は（楽器の種類にもよりますが）、両手に同じくらいの重さがかかっているのがよいでしょう。なぜなら、右に重心があると右手での操作をしづらく、左に重心があると、速い運指ができなくなるからです。

ベルを太ももに置く場合には、体のねじれや傾きに注意しましょう。椅子に深く座り、背中を背もたれに密着させると安定感を得られ、体のブレが少なくなります。上半身を自由に使いたい人は、背もたれから少し離れるのがよいでしょう。

写真4　座奏時の無理な姿勢：（左）脇が締まっていて、ベルが体に多く当たっている　（右）顔がのけぞってねじれている

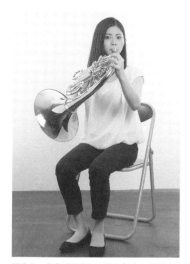

写真5　座奏時の良い姿勢：（左）ベルを足に置かない場合は、両手にかかる重さが同程度になるように注意。（右）ベルを足に置く場合は、体がねじれたり傾いたりしないように注意

◆立奏時

　立奏時には、足を開き過ぎず閉じ過ぎず、あなたが一番安定すると思う足の幅を探してみてください。

写真6　立奏時の無理な姿勢：(左から順に) 脇が締まっている、ベルが体に多く当たっている、体がのけぞっている、ねじれている状態

写真7　立奏時の良い姿勢：(左) 顔をやや左に向けた場合。(右) 顔を正面に向けた場合

●右手の位置

　ホルンの奏法で、大きな違いを生むのが右手の位置です。楽器のベルの太さも違えば、手の大きさ、腕の長さ、肉厚などが人それぞれ違うので「正しい位置」を一概に決めることはできません。自分で音色や音程を確かめながら、試行錯誤する必要がありますが、大きく分けて次の二つのスタイルがあります。

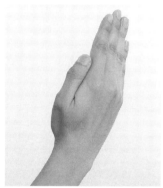 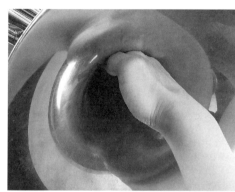

写真8　現代ホルンの性能を最大限発揮するスタイルの右手位置

 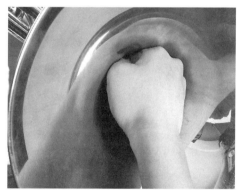

写真9　ナチュラル・ホルンの柔らかく深い音を彷彿（ほうふつ）とさせるスタイルの右手位置

◆現代ホルンの性能を最大限発揮するスタイル

　「ホルンの音が出る邪魔をできるだけしないように」右手を入れるやり方です。「前へならえ」の号令のときにやるように、肘から指先までをまっす

ぐ伸ばし、ベルへ差し入れます（前ページ写真8）。

このとき、手のひら、手首が曲がらないように注意しましょう。ベルの「穴」をできるだけふさがないように。楽器の設計どおりの音程が出やすく、高音から低音までのレスポンスやアーティキュレーションがはっきりし、音量のある明るく輝かしい音が特徴です。

◆**古き良きナチュラル・ホルンの柔らかく深い音を彷彿とさせるスタイル**

手のひらを水をすくうような形（ただし親指と人さし指の間は少し開いている）で、やや閉じ気味にセッティングします（前ページ写真9）。

差し入れる場所の目安としては、オープン→ゲシュトップ→オープンの流れが**手首のほんのちょっとの動きで変化できる**位置。音や音程はややハッキリしなくなる傾向にありますが、弦楽器や木管楽器のタッチに近づくのが容易で、古典からロマン派の作曲家たちが感じていた、ホルン本来の音色に近づく手の入れ方です。

この両極の手の位置の間に、自分の探し求める音やスタイルがあるかもしれません。セッティング位置は無限に選べますが、どこが自分の中心のハンド・ポジションになるか、探求すべきでしょう。

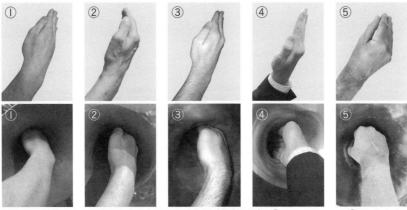

写真10 世界のホルン奏者たちの右手と右手位置（著者撮影）：① Félix Dervaux　② Marie-Luise Neunecker　③ Szablcs Zempléni　④ David Cooper　⑤ Teunis Van der Zwart（ナチュラル・ホルン奏者）

呼吸

ふだん無意識にしている呼吸。吹奏楽器においてはその呼吸を自発的に、そして効率的に使わなければなりません。

呼吸は、ホルンのテクニック上の問題点の多くを解決するくらい、演奏に深く関わってきます。

●2種類の呼吸法

管楽器における呼吸には、主に以下の二つがあります。

◆胸式呼吸

胸郭（肋骨）を動かすことにより、肺が広がる呼吸法。ふだんの生活では、この方式で呼吸していることが多く、最も身近に感じられるでしょう。

管楽器を演奏する際の注意点としては、肩や背中を動かす（肺はかなり体の高い場所・背中の位置まであるので、上半身が膨らむようにする）と、より息がたくさん吸えることを忘れないようにしましょう。

◆腹式呼吸

横隔膜が動き、肺を広げる呼吸法。横隔膜を押し下げた結果、内臓によって腹部が押し出されるような形になります。管楽器を演奏する際の注意点としては、能動的におなかを前に出そうとするのではなく（なぜならおなかにまで肺は存在しないから）、就寝時のように自然におなかが前方向に出ていくことを無意識に行えるくらいに習熟することです。

この二つの呼吸法は同時に存在できるのです。初めのうちは、ゆっくり腹式呼吸をして、肺の底に息が入っていくようなイメージをもち、次に腹式を

保ちながらゆっくり胸式で上半身の隅々まで（上部や背中のほうまで）息で満たされるようにイメージするとやりやすいでしょう。慣れてくると胸式・腹式を同時にでき、そして大量に息を吸うことができます。

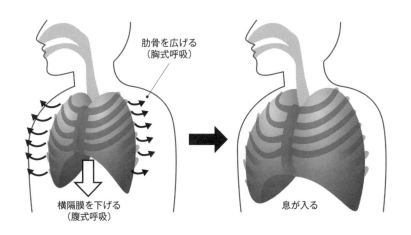

図2　胸式呼吸と腹式呼吸は同時に存在できる。肋骨を広げ、横隔膜を下げると息が入り、肺が膨らむ。息を吐くときはその逆

●息を吸う

管楽器を演奏する際の息の吸い方には、鼻と口、またはその両方の3通りあります。それぞれのメリットは以下のようなものです。

①鼻：アンブシュアのセット（p.26参照）を崩さず息を吸える
②口：短時間で息を吸える
③鼻と口：もっとも短時間で大量に息を吸える

瞑想時のような深くゆっくりとした吸い方から、水泳のクロール時のような素早い吸い方まで、息を吸うスピードや量には、無限の段階があります。音楽的な要素によって適切な呼吸は変わるので、唯一の正しい吸い方という

ものはありません。管楽器において最も大事にすべきなのは、**どのようにして良質の空気を体に取り込むか**ということでしょう。

●息を吐く

息の吐き方は、あなたが演奏する音、音楽に直結します。ですから、一つに集約できる〈正しい〉息の吐き方というものはありません。どんな息の吐き方であっても、必要なシーンで効果的に使われている限りは、間違った息にはなり得ないのです。

●息の支え

一般的に大事だと言われている、息の「支え」について説明しましょう。息を効率よく、安定して楽器に送り込むためには、自力では動かすことのできない「肺の収縮スピード」を調整しなければなりません。その調整を**「支え」**と呼んでいます。よく勘違いされるのですが、この「支え」には前面の腹筋は特に重要というわけではありません。大事なのは、腹筋も含む**上半身の胴体部分の筋肉すべて**です。

◆支えに必要な筋肉を確認しよう

試しに、限界まで息を吸って、止めてみましょう。このとき、上半身の胴体部分の筋肉全体にクッと緊張が走ります。これが大きい音や高い音などで使用される筋肉で、圧力の高い息を生み出すことができます。この筋肉を確認したら、あとは音楽において求められる音を出すために、それぞれの筋肉の力の入り具合を加減する。ときには力を入れないことも必要になるでしょう。

◆筋肉トレーニングについて

一つだけ注意点。管楽器演奏において、腹筋運動などの筋肉トレーニングは必要ありません。むしろ筋肉を固くし、意識することによって呼吸の自由度が阻害される問題のほうが多くなる場合もあるのです。

アンブシュア

●教本によって異なるアンブシュア

　金管楽器を演奏するうえで、呼吸法と同じくらい重要視されるのが口の形、つまり**アンブシュア**ですが、ホルンの歴史上のさまざまな教本を比較すると、一つとして同じことを書いている本はなく、著者により意見が異なっていることがわかります。

　演奏スタイルの変化による違いもあります。第20倍音までを普通に使用していた時代、室内楽やソロなどでの弱音を主とするスタイルが求められる場合、そして大オーケストラで大音量やスタミナを中心に考えなければならない場合では、当然、必要なアンブシュアが大きく異なるのです。そして、一人一人のアンブシュアが骨格や唇の厚さ、口内の形状や舌の長さ、成長による変化などによって異なるので、一つの「理想のアンブシュア」を提示できないのです。

譜例1　Cを基音とする理論上の倍音列。かつては第20倍音までを普通に使用していた

　ですから、この本では「あなた自身」の理想のアンブシュアをあなたが探すための基本を書くに留めます。

●唇

　ホルン奏者は、下唇よりも上唇をたくさん使っている人が多いようです。振動に使用する唇の部位、つまりマウスピースの位置は中心が望ましいですが、歯並びによって右寄りや左寄りもあり得ます。ただ、あまりにも左右に寄り過ぎていると、のちのち問題が生じる場合があります（p.28「筋肉」の項参照）。

図3　マウスピースと唇の位置。ホルン奏者は①のような上唇寄りタイプが多いようだ

　また、唇をめくり上げてマウスピースに当てる奏法も古くは存在しましたが、近代以降の音楽で、大音量や強靭（きょうじん）なスタミナを必要とするシーンにおいてはデメリットも多いため、個人的には唇の表面側（ふだん外気に触れている部分）を使用することを強く推奨（すいしょう）します。

　唇を固く引き締めて使うか、柔らかくリラックスした状態で使うかは、出したい音の違いによります。

●アパチュア

図4　アパチュアの形状によってさまざまな音色や音域を描き分けられる

　唇と唇に挟まれた息の出る箇所、または振動している部位の形状をアパチュアと言います。この形状が円に近いほど柔らかく広がりのある音が生じ、横に薄くなるほどハッキリした明るい音になります。また、低い音になればなるほどアパチュアは大きく開いていき、高い音になるほど小さく閉じていきます。アパチュアの変化が多彩なほど、さまざまな音色、音域を表現できるでしょう。

●口角

　アンブシュアには、いろいろなタイプの口角が存在します。ほほえむように上がるタイプ、真横に閉じるタイプ、やや下がり気味の「への字」タイプ。いずれにも共通するのが唇の両端（アパチュアの際（きわ）まで）を閉じることです。閉じる力や場所は、音量や音域の変化などで当然変わってくるように思えますが、その差はさほど大きくはありません。

どのタイプにも言えることですが、「ほほえみ過ぎ」「横一文字になり過ぎ」「への字になり過ぎ」は、口角の固定が強過ぎて、音域面、音色面、柔軟性など、テクニック上の難しさを感じることが多いようです。アパチュアの変化にも密接に関連しているからでしょう。

●顎

顎はアンブシュアの支えともなる根幹で、あなたのアンブシュアの安定度を決定するといっても過言ではありません。「顎を張る」という言葉をよく耳にしますが、正確には下唇のすぐ下の部分の筋肉(下唇下制筋)を緊張させることが必要です。出したい音にもよりますが、必ずしも顎の先端まで力が入ってなくてもかまいません。次の筋肉の項も参考にしてください。

●筋肉

ホルンの音をコントロールするには、筋肉を動かして唇やアパチュアをコントロールしなくてはいけません。毎日のウォーミングアップは、この口の周りの筋肉を主にほぐすために必要とされています。口の周りの筋肉はいろいろな部分で緊張と弛緩を繰り返し、音色や音程をつくっていきます。

アンブシュアの形成には大きく筋肉が関わっていることが分かると思います。スタミナや柔軟性にとっていちばん良いのは、このいろいろな方向に働いている筋肉の力が、バランス良く均等に保たれている状態でしょう。

唇の項目でも触れたように、マウスピースの位置が片方にずれていた場合、緊張した片方の筋肉に強い負担がかかるアンバランスな状況が生まれます。若くて筋肉が強く柔軟性があるうちは問題が見えにくいのですが、年齢を重ねるにつれ、非常に難しい状況を引き起こすこともあるので注意が必要です。

年を取ると人間誰しも筋力が衰えていきます。両方

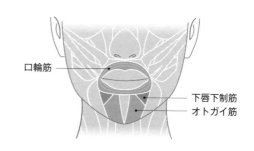

図5　アンブシュアのコントロールのために使われる筋肉

の筋肉に均等な力がかかってバランスの取れた状態よりも、片方に高い負荷がかかっている筋肉のほうが限界は近く、スタミナも柔軟性も早く失われていくでしょう。これが、（歯並びに問題がない限り）できるだけ唇の中心に近い場所で演奏した方がいい理由です。

●前歯

　上下前歯の隙間、位置は音域・音色によって変化しますが、現代音楽の特殊奏法でない限り上下の前歯がくっつく（かみ合わさる）ことはありません。前歯の隙間は、高い音域になるほど上下に狭まり、低い音域になるほど開いていきます。しかし、この動きは開く、閉じるという二次元的な動きではありません。下の前歯（顎）は上下以外に前にも後ろにも動きますし、右にも左にも動きます。

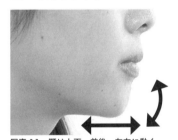 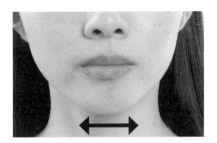

写真11　顎は上下、前後、左右に動く

　高音域では、前歯の隙間そのものが狭いため、奏者による差はあまりないようですが、低音域にいくにつれ、下顎（下の前歯）の三次元的な動きに各奏者の違いが出てきます。

　顎をただ下げればいいのか？　下げながら右方向？　それとも前に出しながらかすかに左方向？　そしてその加減はどのくらい？　答えは一人一人違うため、あなた自身のベストな方法を試行錯誤しなければなりません。

●口内の形状

　口内で何が起こっているか、を冷静に判断するのは、あなたの問題を解決に導く良いきっかけになるかもしれません。口内容積が大きいほど、口の中は「O」の発音をしているような形になり、倍音の多いソフトな音を出しや

すくなります。反対に硬質でクリアな音を出すには口内の形状を横に平べったくセッティングするとよいでしょう。

　口内の形状は、音域にも深く関係します。例えば、アパチュアや口内の形状は丸に近いほど豊かな音色になり、低音域においては特に効果がありますが、小さな振動部位が必要になる高音域においては、丸みを帯びた形より、一文字(いちもんじ)に近いアパチュアと口内の形状が求められるのです。

コラム　うまくなるために アンブシュアを変えるということ

　あなたが大胆にアンブシュアを変えようという結論に達した場合、変えるマイナス面もよく知っておかなくてはいけません。程度は人それぞれですが、およそ以下のようになるでしょう。

- 数週間から数か月、極端に吹けなくなる
- その間に受けるストレスに耐え、注意深くアンブシュアの癖を改善しなければならない
- そういう思いをしてもなお「根本的な問題が解決するのか」そして「新たな問題が発生しないのか」は誰にも分からない

　華々しくソロ・コンクールでデビューした若手が、アンブシュアでつまずいて吹けなくなった、というのは全世界でよく聞く話なのです。

　怖いことを書いてしまいましたが、アンブシュアの変更は、ホルンを楽しめなくなるリスクを背負ってまでやるべきことなのでしょうか？

　成果が出るまで時間はかかるかもしれませんが、徐々にアンブシュアを変え、リスクを最小限に抑える方法もあるはずです。

　しかし、あなたがリスクを冒してでもレベル・アップを望むなら――特にハードな毎日の仕事をこなすプロフェッショナルを目指す人の場合、"偏った"アンブシュアでは年齢とともに柔軟性や音色を失っていくことが明白で、大胆なチェンジが必要だと判断されることも多いでしょう――信頼のおける先生の元で、こまめに注意深く見てもらえる環境であることを心から願います。

　そして、もしあなたがアンブシュアに迷い、悩んでこのページを読んでいるとしたら、一つだけ伝えたいことがあります。われわれ音楽家は、音楽を探求するために日々生きているのであって、アンブシュアのカタチ（もしくは見た目）を追求するためにホルンを吹いているのではありません。極端な話、思い通りの音が出れば唇の端で吹こうが鼻で吹こうがかまわないのです。

基礎練習の目的

●基礎練習が育てるもの

　すべての基礎練習には、正解や最終到達点がありません。なぜなら、さまざまな音楽を演奏するうえで、あなたが出さなければならない音の種類はほぼ無限にあり、そのすべてを基礎的な練習でカバーすることはほとんど不可能だからです。

　その無限の音楽的要素を木の葉っぱに例えるとしましょう。その葉っぱをできるだけ多く付けるには、あなた自身の**根**や**幹**を大きく育てなければなりません。

　　世界という知識の宝庫の**大地**の栄養から
　　自分の人生の経験を鋭敏にとらえ、音楽へと変えるための**根**を広げ、
　　気が遠くなるほどの時間を費やした練習で鍛えられた太い立派な**幹**からは
　　無数のアイディアという**枝**が生え、インスピレーションによって枝分かれし、
　　数えきれないほど多くの、青々とした表現力の**葉**をつけることでしょう。

　この**「大地」「根」「幹」「枝」「葉」**は不可分で、どれかが欠けても、どれかが大き過ぎても魅力的な木にはなりません。

　僕たちは芸術家として、自分自身の木を大切に育て、美しい音楽という実を聴衆の心にそっと置いてくるという最高の仕事をするために、努力を惜しんではなりません。

　余談ですが、次世代のために種まきをすることも重要な仕事の一つです。後進へのレッスンはもちろんですが、音楽に直接触れることの少ない地域や年齢層に生の音楽を届けるという種のまき方もあるでしょう。

図6　大地に根を張り、幹を鍛える基礎練習。アイディアの枝が生え、数えきれない表現力の葉をつける

きほんの「ほ」

ウォーミングアップ

金管楽器の演奏において、ウォーミングアップは**「唇の周りの筋肉をほぐし」**、**「管楽器的呼吸をし始める」**ために特に重要です。

●息、体、楽器を温めるウォーミングアップ

起きたばかりの早朝や、寒さなどで体が固まっていると、柔軟な演奏はできず、ゆったり深い呼吸をしないと肺は膨らんでくれません。

夕方から演奏したり、スポーツなどの後で体が温まっているときは、ウォーミングアップの必要性はあまり感じられないかもしれません。基礎練習に重点を置いたほうが時間の節約になる場合もあるでしょう。

●ウォーミングアップの手順

ウォーミングアップは以下の流れで行うのがよいでしょう。

①マウスピースで音を出す

よく調律されたピアノを弾きながら、音程をよく確かめてマウスピースで音を出します。

豊かな息で、広くない音域をゆっくり演奏しましょう。穴を指で少し閉じて、適度な抵抗感を作ることも大事です。

写真12　小指で穴を少し閉じ、適度な抵抗感をつくる

譜例2　豊かな息で、広くない音域をゆっくり吹く。さまざまな調で演奏し、しだいに音域を広げる

②**マウスピースを楽器に付け、息を入れる**

　冷えた楽器を温めるように、音は出さずにスピードの遅い息を入れていきましょう。ロータリーを押さえて抵抗感の違いを感じることも大切です。楽器が温まってきたら、息のスピードを速くしていきましょう。

③**今日初めての音を出す**

　あなたが想像しうる限りのいちばん美しい音を、今日の自分にプレゼントしましょう。深く柔らかく息を吸い、上質なシルクのような肌理の細かい音を。

　中音域からはじめ、徐々に音域を広げて口をほぐしていきます。

さあ、基礎練習をスタートしましょう！

音階練習

　基礎練習の中でも特に重要な音階練習。この練習で大切なことは、あなたが関わる音楽に使われている音階を、無意識にまで刷り込むことです。

　いわゆるクラシック音楽なら、すべての調の「長音階」と「旋律的短音階」でほとんど網羅できますが、ジャズやロックなどの音楽を手中に入れようと思ったら、そのスケールの種類は多岐にわたります。

　そして、すべての音域を、どのようなタッチであっても同じクオリティーで演奏するために注意を払わなくてはいけません。

　また、音階独特の色彩感（調性感）や和声を感じながら練習することも大切です。

音階練習の例。変ホ長調は「英雄的」な調。柔らかく／硬く／強く／弱くタッチを統一して演奏できる？

スラーとレガート

●後押しスラーは「ホルンらしい」?

「ホルンらしい」と言われるスラーで多いのが、後押しと呼ばれる演奏です。これはヴァルヴの精度が悪かった古い時代に、切り替えのときにいったん音が遠ざかって聞こえていたことを、現在においても（必要ないのに！）再現した結果でしょうか。楽譜にするとこのようになります。

譜例3：モーツァルト：《ホルン協奏曲 第1番》第1楽章

このように段差の付いたスラーが必要な場合も、ごくまれにはあるでしょう。しかし、完璧なスラーとはほど遠いと言わざるをえません。これではほかの楽器と合わないからです。たとえばクラリネットはどのようなレガートで奏されるでしょう？　弦楽器では？　ピアノでは？　歌では？

必要なのは、「ホルンでしか通用しないレガート」ではなく、**ほかの楽器とも共有できるさまざまな種類のレガート**です。

●美しいレガートの練習

以下に美しいレガートの練習例を挙げました。一朝一夕ではできない技術なので、すぐに速くすることよりも、ゆっくり確実な練習が必要です。

譜例4　ゆっくり確実な練習で、半音ずつ下行、または上行していく

最初はすべての音を自分の望むスラーで埋め、それをしだいに速くしていき、最終的には幅の広い音程でも望みどおりのレガートを得られるでしょう。

次の練習では、ヴァルヴを押さえることで変化する音色、抵抗感が聴いている人にわからないよう注意を払ってください。

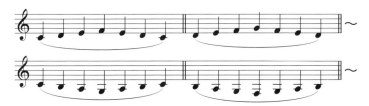

譜例5　美しいレガートのための別の練習例。B♭管、F管の両方で練習しよう

●リップ・トリル

モーツァルトの《ホルン協奏曲》を筆頭に、古典・バロック作品を演奏するうえで避けては通れないテクニックの一つです。ロータリー・ヴァルヴでのトリルがかかりにくい音で使うための技術ですが、リップ・トリルをマスターすることによって、ホルン演奏に信じられないほどの柔軟性を得ることができるので、根気強く練習することを強くお勧めします。

譜例6　リップ・トリルの練習。さまざまな調で練習しよう

譜例6の練習に必要なのは基本的にはリップ・スラーと同じ技術ですが、大切なのは ♪ から ♪ （または ♪ から ♪ ）に移るときの音の変わり目の位置を感覚でつかむこと。

この感覚は、これでもかというほどゆっくりやらないと分からないかもしれません。テンポを速くするコツは、その「音の境界線」に口をセットし、ほんの少しの動作で上の音にも下の音にもすぐに移れるようにコントロールすることです。どちらの音にもすぐ移れるバランスは、「やじろべえ」にも似ているかもしれません。

図7 「やじろべえ」のように音の変わり目からすぐに移り変われる感覚

　もう一つの練習方法は、逆のアプローチです。最初からできるだけ速く。違う音に「通り過ぎる」感覚を持ちましょう。

譜例7　もうひとつのリップ・トリル練習法。さまざまな調で練習しよう

　ここまでのことがマスターできたら、以下のような、より幅の広いリップ・トリルにチャレンジするのもよいでしょう。

譜例8　音程の広いリップ・トリル練習。さまざまな調で練習しよう

●何のためのテクニック？

　さて、最高度の柔軟性をあなたが手に入れたとしましょう。気を付けなければならないのは、このテクニックを「芸術的に」使用することです。

　　▶どのような音量で演奏するべきか？
　　▶モーツァルトのトリルの速度はどのくらいが気持ちよいだろう？
　　▶ヘンデルの《水上の音楽》は、流麗なトリルでよいのだろうか？
　　▶リップ・トリルの速度は常に一定でよいのか？　etc.

　テクニックを身に付けただけでは、芸術にはならないのです。

タンギングと発音

●基本のタンギング

　管楽器奏者は、通常息を吐きながら音を出しますが、その際の音の始まり方、または連続する音の切り方として一般的に使われるのが「**タンギング**」という言葉です。舌を付ける場所は基本的に上の前歯の裏、歯茎と歯の境目あたりがよいでしょう。舌を付けたときの面積が広いほど発音は柔らかくなり、狭いほどハッキリします。

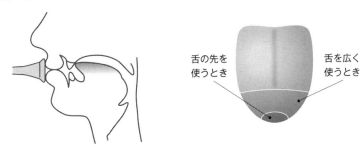

図8　タンギングの基本的な位置。舌が接する面積で発音の柔らかさが変わる

　よく誤解されているのですが、タンギングは、舌を突くのではなく、**舌を離す**ことで行います。これはとても重要なことで、鋭い離し方をすると強い発音に、ゆっくり離すと弱いアタックになります。自分で美しいと思えるタンギングの位置を見つけることが大切です。

　舌を動かす速度には人それぞれに限界があるため、速くしたい場合には後述のダブル・タンギングを集中的に勉強してもよいでしょう。

●上級者編

　「タンギング」という言葉は上級者にとっても誤解を与えかねないものです。なぜなら、音を切る行為は**舌「だけ」を使っている**わけではないからです。たとえば基本としてよく取り上げられる「ta」という発音でさえ、舌の

位置は無数に考えられます。舌先が上前歯の先端に行くほど「te」に近くなり、口蓋の奥に行くほど「ro」になる。これは舌の動きだけの変化でしょうか？

　もっとも原始的な楽器である声を例にあげてみましょう。日本語でも「あ」から「ん」まで五十音の発音があり、多くの外国語を含めれば、それこそ無数の発音があります。発音には舌の動きや形状のほか、口の形が大きく関わってきます。

　たとえば、「fo」と「ki」をゆっくりと大げさに発音してみてください。前者では唇が寄せられ、口の中が広がり、舌の位置が下がった結果、口内の容積が大きくなっています。それに比べ後者は、唇が両端に引き、口の中は平べったく、舌は奥のほうが上がり、口内の容積は狭くなっています。

　そのままホルンを構えて吹いてみましょう。二つの発音の違いはアンブシュア、口の中の形、舌の位置に現れます。発音だけでなく、音色そのものも変化していることに気付くでしょう。これはどちらが「良い」ということではありません。柔らかい「fo」という発音に適したフレーズもあれば、「ki」というカッチリした音が合う音楽があるという、ただの「違い」なのです。

◆管楽器奏者が考えるべきこと

　歌詞のない管楽器奏者が考えなければならないのは、「これから出したい音は、音楽上いったいどう発音すべきか」ということです。

　華やかなファンファーレを「ru」という発音で演奏したいでしょうか？

　恐ろしく静かな、眠りに落ちるような柔らかいフレーズの最中に「ta」と発音して聴衆の目を覚まさせるのでしょうか？

　音楽に正解はありません。選択するのはあなた自身、あなたが信念をもって選ばなければなりません。

●ダブル・タンギング

　主に舌の前方を付けるシングル・タンギングに対して、舌の奥側を併用するのがダブル・タンギングと呼ばれる奏法です。子音を「t」と「k」とするのがいちばん分かりやすいでしょう。

　ダブル・タンギングでいちばん難しいのは、tとkそれぞれの発音を、ほかの人が聴いてもわからないくらいのクオリティーにそろえることです。

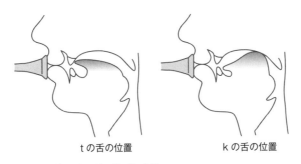

図9　ダブル・タンギングの舌の位置

たいていの場合、kの発音がtに比べて弱いため、下記のような練習を最初に重ねるのが早い上達のポイントです。

譜例9　tとkを同じようなクオリティーにそろえる

また、ダブル・タンギングでの跳躍音程には、次のような練習が効果的でしょう。

譜例10　ダブル・タンギングでの跳躍音程練習

●スタッカート

音を短く切る、と言ってもたくさんの場面がありますが、ホルンにとっていちばん難しいスタッカートは、固くハッキリした表現でしょう。ベルが後ろを向いているために、ほかの楽器よりボヤけてしまう恐れがあるからです。

舌の離し方によって音の出だしの表現が変わることに注意し、しっかりとした支えとともに次の楽譜を練習してみましょう。

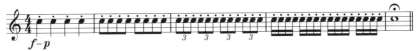

譜例11　4分音符と16分音符の音価の違いに注意

音域の拡大

●上吹き、下吹き

　ホルンは数ある楽器の中でも特に広い音域を担当することが多く、それにより上吹き・下吹きという分業制が成立しました。

　しかし、たとえばリヒャルト・シュトラウスの《英雄の生涯》冒頭（譜例12）のように、上吹き奏者も低い音域を演奏する場合があります。

譜例12　リヒャルト・シュトラウス：交響詩《英雄の生涯》冒頭

　逆に、下吹き奏者も高音域を出すことは珍しくありません。

譜例13　マーラー：《交響曲第5番》第1楽章

　つまり、すべてのホルン奏者にとって、広い音域を演奏できることは必須だと言えるでしょう。

●高音域の拡大

　右の譜例14を吹いてみましょう。
　あなたの息の使い方、口の使い方はどのように変化しているでしょうか？

譜例14

この変化は、すべての状況にそのまま応用できるわけではありませんが、高音域への大きなヒントになっています。

①アパチュアを小さくする：高音域にいくにつれ、振動部分の形が丸のままでは限界があるので、上下に閉じるイメージ

②口内の形状を狭くしていく：母音がoからiになる。舌の位置が口蓋に近づいていく

③息の圧力を高くする：誕生日ケーキのロウソクを吹き消す距離が、だんだん遠くになっていく

要求される音色や音量によって、①、②、③それぞれのバランスが変わることにも注意しながら、次の譜例も練習してみましょう。

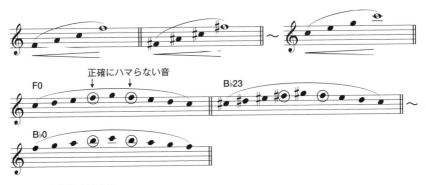

譜例15　高音域の拡大練習

●低音域の拡大

ホルンの低音域を大きく吹き鳴らせるようになると、すべての音域にわたってフォルテの質感が安定するメリットがあります。ただし、暴力的なフォルテにならないよう気を付けましょう（もちろん、そういう音が必要なときにはその限りではありません）。

低音域の出し方のコツは、前述した高音域の出し方のほぼ逆です。

①アパチュアを大きくする：低音域にいくにつれ、振動部分、空気の通り道を広げていく

②口内の形状を大きくしていく：母音がiからoになる

③息の圧力は保ったまま：ここだけは注意。圧力を弱めないで！

低音域において多くの人が陥りがちな事例は3つ。**「アンブシュアの緊張を緩めてしまう」「唇を突き出してしまう」**そして**「マウスピースのプレスを緩めてしまう」**こと。以上のことに注意して、音程、クレシェンドの息の配分、*sfz*（できるだけ強く）のタッチなどに気を付けながら、次の譜例を練習してみてください。

譜例16　低音域の拡大練習

コラム　上吹き、下吹き、○番吹き

　ホルンは音域が広いため、高音域専門奏者と低音域専門奏者に分かれる、と定義されたのは今から300年以上も前のことです。

　あるホルン奏者が上吹きか下吹きかは、技術的なことよりも、性格的なことから決まることが多いようです。それぞれのパートは、どのような役割になっているのでしょうか？

●1番ホルン

　素晴らしい音楽性をもってソロを演奏し、ホルン・セクションをリードすることはもちろん重要です。しかし、それよりも大事なのは、他パートとの調整役に回ることでしょう。各楽器間での音程やタイミングのズレ、フレージングの歌い方の違いは、どんなに精度の高いオーケストラやアンサンブルでも必ず生じるものです。それらの差を指揮者や他パートと相談したり、本番時には、瞬間的な判断で「どの楽器に寄るのか」、それとも「あえて寄らずに中間のある場所を狙っていくのか」などをアンサンブル上に反映させること。それをするには「耳のアンテナ」を極限まで広げなければなりませんし、自分の判断に確信がもてるだけの経験も必要でしょう。もちろん、その判断を自分のホルン・セクションや他パートに伝えるだけの確固たる技術が必要なのは言うまでもありません。

リヒャルト・シュトラウス：交響詩《ティル・オイレンシュピーゲルの愉快ないたずら》

●2番ホルン

「良い2番ホルン奏者を見つけることは、1番奏者にとって一生の宝になる」と言われるほど大事なポジションです。「下吹き」に分類されがちですが、オーケストラでは1番奏者と同じ最高音域を吹いた次の瞬間にペダルトーンまで跳躍する、または逆のパターンを吹くこともしばしばで、ホルン・セクションの中で最も広い音域を担当しつつ、最高度の柔軟性をもたなければなりません。また、1番奏者の考えていることをくみ取り、瞬時に寄り添える耳の良さも大切な要素です。

オクターヴや5度で1番奏者を支える際のバランス感覚や、音色の選択にも十分な注意を払えばセクション全体に素晴らしい響きをもたらすでしょう。

ベートーヴェン:《交響曲第7番》第1楽章

●3番ホルン

1番ホルンと同じフレーズを演奏しながら、より魅力的に客席に届くように調整したり、パート内のもう一人の1番奏者として前面に立つことも必要な、オールマイティーな役割をもちます。多くの場面で、セクション全体をリードすることも必要になるでしょう。特に大事なのは、和音を構成することが多いホルン・セクション内で、1番奏者に近い音色を選びつつ、自分の音が構成音のどこになっているのか、そしてその音に必要な音量や音質を選択することです。そんな場面がソリスティックにメロディーを演奏したすぐ後に訪れることも多く、カメレオンのようにスタイルを変化させることも必要です。経験がモノを言いますが、周りで何が起こっているのかを常に見渡すことができれば、ホルン・セクションの音が何倍にも美しく響き渡ることでしょう。

ブラームス:《交響曲第2番》第1楽章冒頭

●4番ホルン

　ホルン・セクションの要です。あなたが上の3人をどのように支えるかで、セクション全体の印象が決まります。傾向としては、倍音豊かな音をもつ人が最も低い音を演奏すると、パート全体を包み込むことができ、和音が合いやすくなります。2番奏者にも共通しますが、低音を担当している人が高音奏者よりも大きく吹くことで、聴く人にも演奏している人にも安心感を与えるバランスを表現することができます。どんな建造物でも、基礎というものはしっかり造られているものです。ホルン・パートの土台となるような演奏は、必ず聴衆の耳に届くことでしょう。

ウェーバー：オペラ《魔弾の射手》序曲

●ワーグナー・テューバ1～4
（ホルン5～8）

　ほとんどの場合、B♭管2本、F管2本の4人一組で演奏されます。バランスの取り方やパート間の役割はホルンと同じですが、曲によっては「1・2番が上吹き、3・4番が下吹き」または「1番上吹き、2・3・4番は下吹き」という選択肢もあるでしょう。楽器を設計する際、音色を優先すると音程があやふやになり、音程を優先すると音色がつまらなくなり、両立が非常に難しいのがワーグナー・テューバという楽器です。各楽器メーカーも非常に苦労してこの問題に取り組んでいますが、2019年現在、解決策は奏者に委ねられています。右手がベルに入っていない、音がいつもと違う場所から出る、「音のツボ」がない、抵抗がホルンに比べてとても少ない、などふだんのホルン演奏から比べるとマイナス面だらけに思うこともあるでしょうが、音程や音色を各奏者がコントロールすることができれば、神々の声や、地獄からの轟きなど、ホルンでは体験することのない唯一無二な表現ができるでしょう。

ブルックナー:《交響曲第7番》第2楽章冒頭部分

● バンダ

基本的に舞台の後ろの方にいて、ベルが後ろに向いているホルンは、時差に悩まされる楽器です。指揮者のタクトよりやや先に出て、聞こえてくる他パートの演奏より少し早めに演奏しなければ聴衆にはそろって聞こえません。バンダとなると、さらにその傾向が強くなります。舞台裏で演奏する場合は、距離（空間）による音程のぶら下がりがあることに気を配ること。時差は通常よりさらに広がるので、ステージリハーサルを誰か信用のおける人に聞いてもらうことは必須です。指揮者をモニターで見る場合、技術的な問題で映像がリアルタイムよりほんの少し遅れるという、誰もハッピーにならない事態が生じたことも僕の経験上何回かありました。確認が必要です。

マーラー:《交響曲第2番「復活」》第5楽章

● まとめ

1番から4番ホルン、そしてワーグナー・テューバまで、あえて別々に大切なことを書きましたが、読んでいただければ分かるとおり、書いてあることすべてが、どのポジションにいようが持っていなければいけない感覚です。一つとして疎かにしていいパートはなく、一人一人がベストを尽くして演奏しなければ、いい音楽は生まれません。全員が高音から低音まで演奏でき、アンテナをステージの隅から隅まで最大限張り巡らせ、常に自分たちの音がどのように客席に届いているかを考えねばなりません。ホルン・パートの音、つまりオーケストラやバンドの音全体を左右するのは、一人一人の音なのです。

ロングトーン

「音を延ばす」練習は、実は非常に奥が深く、多くのことを学べるトレーニングです。単純だからこそ、いろいろなことに気を付けながら練習すれば、より早くレベルアップすると同時に、集中力も養えるでしょう。ただし、柔軟性においては助けにはならず、むしろ弊害となる場合があるので、基礎練習のメニューの終わりにするほうがよいでしょう。

以下の各点に注意しながら練習をしてみてください。

- 姿勢
- 息の吸い方（速い ⇄ 遅い、多い ⇄ 少ない）
- アンブシュアの形（緊張 ⇄ 弛緩）
- 口内の形（狭い ⇄ 広い）
- 舌の使い方（戻しが速い ⇄ 遅い）
- 息の吐き方（速い ⇄ 遅い、多い ⇄ 少ない）
- 音の始め方（はっきり ⇄ 柔らかい）
- 音量のコントロール（大きい ⇄ 小さい）
- 音程のコントロール（高い ⇄ 低い）
- 響きのコントロール（広がりがある ⇄ 密度が高い）
- 音の終わり方（減衰する、急に終わる、増幅する）

ロングトーンをするときに「いい音で」と漠然と考えがちですが、「いい音」というのは、演奏する音楽の、そのときの文脈によって変わります。

上記の項目のうち、どれか一つを変化させてみてください。出てくる音はどう変わったでしょうか？　どんなときに出したい音になったでしょうか？

ある一つの音だけで、「悲しい」「うれしい」「明るい」「暗い」など、千差万別の表情をつけられたら素晴らしいと思いませんか？

ベルアップ

ホルン・パート全員でのベルアップは、見る人をワクワクさせます。音色がどのように変化するかは会場によってまちまちで、ほとんど変わらないホールもありますが、絶好のアピールの場であることは間違いないでしょう。

①口とマウスパイプの角度を通常時と変えないこと
②右手でベルをふさがないようにすること
③顔を上げないこと

以上3点を大切にしながら、格好良くアピールしてください。

きほんの「ほ」

写真13　良いベルアップの例

良い例：口とマウスパイプの角度は通常と同じに

悪い例：顔を上げ、ベルが下がっている。口とマウスパイプの角度も通常と変わっている

悪い例：右手でベルをふさいでいる

ダイナミクスの拡大

●幅広いダイナミクスをもつホルン

ホルンは、雷や地響きのような轟音から、彼方から聞こえてくる幽かな音まで、ダイナミクスの幅も非常に広い楽器です。

たとえばホルン4人での **ff** のユニゾンは、オーケストラを圧倒して響きわたり、

譜例17　リヒャルト・シュトラウス：交響詩《ドン・ファン》

美しく抑えられたホルンの音は、遠い別世界から聴こえてくるかのようです。

譜例18　ラヴェル：《亡き王女のためのパヴァーヌ》

溶け合う音色があってこそですが、いずれもホルンの魅力的な一面です。

●記譜のダイナミクスと実際の音量

しかし、ダイナミクスというのは曖昧なもので、**ff** や **fff** と書いてあるからといって、ほかの楽器をかき消すくらい吹いてはならないときも多くありますし、**pp** でも客席のすみずみまで音を届けねばならないときもあります。

また耳のいい指揮者、指導者になればなるほど、さまざまなバランス感覚を大事にしますが、そんなときにホルンとほかの楽器の音量バランスという

のは非常に大切になってきます。信じられないほど小さい音を要求されることも少なくありません。

● *ppppp* から *ffff* までの表現

息のスピードを増し、量を多くしていけば音は大きくなります。一方で音程が高くなってしまうのを防いだり、より多くの息を入れるために大きな口内の容積が必要になってきます。また、小さい音を出したいときは少ない息でも唇が振動するようにアパチュアを狭くし、かつ振動部分は柔らかいことが必須です。

f や *p* などの強弱記号は、イタリア語で一般的に「強く」「弱く」と示されますが、芸術は複雑です。一概に強い弱いと言っても、たくさんの付加される感情や情景がそこには存在します。

どのように大きく、どのように小さいのか？

温かい、透き通って、叫ぶように、むせび泣くように、楽しく、おどけて、それとも暗く……？

そこには無数の選択肢がありますが、これらの感情を音で表現することを考えながら練習してみてください。

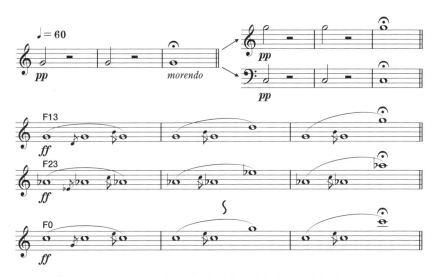

譜例 19　ダイナミクス拡大のためのエチュード（Bruno Schneider 氏の原案による）

グリッサンド

●音の移り変わりを目立たせる

　本来の意味は滑らかに移り変わることを指しますが、われわれホルン奏者に限っては、グリッサンドは「音の移り変わりを派手に目立たせる」という意味で捉えられています。

　しかし、作曲家や時代によってはガーシュインの《ラプソディ・イン・ブルー》冒頭のクラリネットのような、音の境目のない変化が求められる場合があるので注意が必要です。また、ストラヴィンスキーの《火の鳥》組曲（1919年版）の最終部分のように倍音列の指定があるグリッサンドや、ベルリオーズの《幻想交響曲》のような、静かな箇所でのグリッサンドというのも存在します（譜例20）。

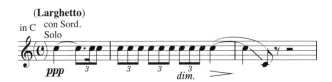

譜例20　ベルリオーズ：《幻想交響曲》第5楽章。静かな箇所でのグリッサンド

●2音間に多くの音を入れるグリッサンド

　このタイプのグリッサンドは、運指をバラバラに使って間の音を入れる方法もあるのですが、個人的にはお勧めしません。理由は二つ。

- ▶ハーフ・ヴァルヴになる時間が長くなるため、目立たせたいグリッサンドの音量が結果的に小さくなる
- ▶移り変わりの途中でいろいろな管に息が入るため、抵抗感の変化についていけず、到達音が外れてしまう確率が高い

では、どうしたらよいのか？　譜例21を見てください。

譜例21　2音間に音を入れるグリッサンドの例3種類

　もっとも簡単なのが①のB♭管を開放で使う方法。グリッサンドそのものにかける時間が短い場合はこれで十分です。

　F管の第1番を使う②では、間に入る音がグッと多くなりました。最後の音が当たりづらい場合は、最後だけB♭管に戻るのもよいでしょう。

　到達音で運指を変えるテクニックを採用するならば、③がお勧めです。管が最も長いF管の第1、第2、第3番を使うことで抵抗は強くなりますが、それに負けない息を入れることで、より強烈な印象を聴衆に与えることができるでしょう。

コラム　ハーフ・ヴァルヴ

　ほんの少しキイを押さえることによって、ロータリーの回転を中途半端なところで止め、音色や音程を不安定にさせる方法です。

　この方法を使うと、音量や音色は通常時より損なわれますが、トロンボーンのスライドによるグリッサンドのような、滑らかな音程の移動が可能になります。

　キイの押さえ方は楽器のメーカーやモデル、ロータリーの精度によって異なります。つまり、厳密には楽器一台一台異なるものなので、第1ヴァルヴを何mm、第2ヴァルヴを何mmと一般的な定義をすることができません。

　遊びながら探していると押さえるコツが見つかるでしょう。

ゲシュトップとミュート

●教えるのが難しいゲシュトップ

　右手でベルを塞ぐゲシュトップは、ホルンを特徴づける演奏技法の一つです。強く息を吹き込めば金属的な音になり、薄く吹けば靄のかかった幽玄な雰囲気を醸し出すこともできます。

　日本のホルン奏者たちはドイツ語でゲシュトップと言うことが多いですが、各国語での呼び方は以下のとおり。いずれも、閉じる、塞ぐという意味です。

	イタリア語	フランス語	ドイツ語	英語	記号
閉	chiuso coperto	(sons) bouchés	gestopft	stopped	＋
開	aperto	ouver	offen	open	○

　ゲシュトップは、言ってしまえば単に「ベルを塞ぐ」だけのことなのですが、教えるのが非常に難しいテクニックの一つです。人によって使っている楽器のベルの太さも違えば、手の大きさも違うので、手の形や位置の一般論が形成されにくいのです。もともとヨーロッパの大柄な男性向けに作られたホルンでは、日本人の小さな手が奥まで入り過ぎてしまい、音程がかなり高くなっている場合が散見されます。

●注意点

「ベルを塞ぐ」ために気を付けるポイントは以下の二つ。

①いかに空気の通り道をなくすか

　指と指の隙間はもちろん、指同士の段差も極力なくしましょう。右手の形がベル胴付近の管の広がり具合にきれいに沿っていることも大事です。しっかり塞げていれば、望みどおりの音色になるでしょう。

②塞いでいる手の位置が適当な場所であるか

「F管使用時は半音下の指使い、B♭管使用時は半音上の指使い」と覚えると使いやすいです。ピッチが高い場合は、指先を曲げてみたり、手の位置をもっと手前にしてみましょう。低い場合はその逆を試してみてください。B♭管でのゲシュトップは中音域以下の音程が不正確なので、使用には注意が必要です。

●ミュートでの演奏

ホルンの演奏において一般的に指定されているミュートは、紙製または木製のストレート・ミュートです。メーカーによって音色、音程、吹奏感などが違いますが、**その違いが分かるのは隣で演奏しているホルン奏者のみ**と言っても過言ではないでしょう。ですので、その音楽に即した表現がしやすいミュートであることが大事です。

そのほかにも革製のミュート、バケット・ミュート、ワウワウ・ミュート、カップ・ミュート、など種類が豊富ですが、身近なところでは、音がものすごく小さくなるプラクティス・ミュートがあります。このミュートは家やホテルなど、大きい音を出せないけど練習したい！　と思うときには必需品ですが、サイズや吹奏感、音程などよく吟味して購入しないと、逆に調子を崩すこともあります。

写真14　①バケット・ミュート　②ゲシュトップ・ミュート　③ストレート・ミュート　④ワウワウ・ミュート　⑤カップ・ミュート

ピッチのコントロール

●正しいピッチを認識する

　音を当てることに苦労している人の多くは、正しいピッチについての認識が甘いように思います。何気なく出した音が、とんでもなく高かったり低かったりしてしまう。ホルンという楽器は、基本的には正しいピッチで演奏するときに正しい音が出るように調律されているので、これでは音が外れるのが当然です。改善のためには、ひたすらチューナーとお友達になるしかありません。長い時間をかけて正しいピッチを自分に覚えこませるのです。

●チューナーを見てから合わせるのではない

　大切なことは、チューナーをチェックしてズレていたから「合わせる」のではないということです。最初から正しいピッチが出るように自分の吹き方を調整して、**「結果的に」チューナーがピッタリであること**が大切です。それを全音域の単音でできたら、次は音階や跳躍でチェックするのです。

　もちろん初めのうちは難しいでしょう。しかし、音程感を正しく矯正することで、音を外すことが見違えるように少なくなるほか、サウンドにも劇的な変化が訪れます。ホルンは正しい音程で出した音がいちばん美しくなるように設計されているのですから。ベルに入れた右手や、マウスピースのマッチングなども関係するとはいえ、少なくとも改善されるのは間違いありません。

　もしも音が硬い、細いなどの理由で悩んでいたら、楽器本来の設計より高いピッチで演奏している可能性があります。同様に、モヤモヤ芯のない音の場合は低すぎる可能性もあるでしょう。

　改善には時間がかかります。毎日少しずつ積み重ねていった結果、本番でうまくいったという感覚を持つのは数か月後かもしれませんし、数年後かもしれません。絶え間ない努力がこの世界一難しい楽器を、世界一魅力的な楽器に変えるのです。

ベンディングとヴィブラート

●ベンディング

　ピッチを口で下げる、または上げる技法のベンディングは、ジャズではよく使われる奏法ですが、古くはバロック音楽から使われていました。

　ヴァルヴが付いておらず右手も使わないタイプの当時のホルンで、倍音列にない音を演奏するために用いていたこの技術は、残念ながら現代のホルン奏法ではすたれてしまいました。

譜例22　バッハ:《ブランデンブルク協奏曲第1番》第4楽章第2トリオ。矢印で示した倍音列にない音はベンディングで調整して吹いていた

　しかし、ベンディングを勉強することで音程面での柔軟性や音程の正確さなどを得られます。ジャズやバロック音楽を演奏しない場合でも、有益なことが多いのです。

◆リップ・スラーによる練習

　ベンディングの練習のために、リップ・スラーを非常にゆっくり、口の動きを確認しながらやってみてください。

譜例23　非常にゆっくりとしたリップ・スラー

　音が移り変わる前に、音程が変化するのが分かると思います。そのときの口の形の変化を押し進めたものが、ベンディングです。

　音程を変えるには、アパチュアの形を変化させることが大事ですが、唇に対するマウスピースのプレスが強過ぎるとうまくいかないので気を付けましょう。

　顎を下げるとピッチが下がり、逆の動きをするとピッチが上がります。これも重要なポイントです。

　倍音列（p.26参照）で隣の音との音程が広い第2、第3、第4倍音で練習を始めると感覚がつかみやすいと思います。慣れてきたら、しだいに高次倍音に移っていきましょう。

●ヴィブラート

　ホルンのヴィブラートは音程、音量、またはその両方を揺らすのが元来の姿ですが、現在では、一部の奏者を除いてあまり用いられません。これは、ほとんどの吹奏楽やオーケストラのレパートリーの作曲家がホルンに求めたり想像した演奏スタイルにヴィブラートがなかったことが、いちばん大きな理由でしょう。

　かすかなものから振幅の大きいものまで、無限と言えるヴィブラートの選択肢がありますが、ホルンの音色との相性、場面などを慎重に考慮しながら使わなければなりません。弦楽器ではヴィブラートのスタイルや時代考証のみで本が何冊も出版されているほど、ヴィブラートは奥の深いものなのです。

重音

●19世紀はじめの重音奏法

　重音奏法は、古くはウェーバーの小協奏曲（1806年作曲、譜例24）に登場する技法です。音を出しながら声を出すという、とてもシンプルな技術です。
　和音のいちばん低い音をホルンで演奏し、いちばん上の音を歌うと間の音が鳴って聞こえます。気を付けなければいけないのは、声を出すことに気を取られず、ホルン演奏に必要な口内の形を変化させないようにコントロールすることです。

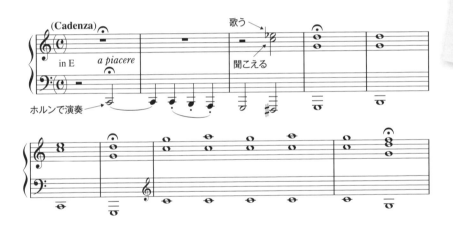

譜例24　ウェーバー：《ホルン小協奏曲》カデンツァ部分

●21世紀の重音奏法

　最近では、目まぐるしい跳躍の重音（バッハ作曲、ジョルト・ナジ編曲《トッカータとフーガ》）や、藤倉大作曲の《ぽよぽよ》のように、声が下の音を歌い、ホルンが上になる重音など、より発展的なものが書かれています。

取り組みたいエチュード

ピアノやヴァイオリンには音楽的内容の素晴らしい練習曲がたくさんあるのに比べ、ホルンのために書かれたエチュードには、残念ながら同じようなレベルのものがありません。しかし、反復を中心とした技術の向上のための練習曲集はたくさんあります。その中からいくつか紹介しましょう。

●技術向上のための練習曲集

◆アーバン：金管楽器教本

『Method for the Cornet』の原題が示すように、元々はコルネットのために書かれたものですが、金管楽器演奏のごく基本のことから難しいテクニックまで、幅広く扱っています。

単純な譜例が山ほどあるので、興味を保つのに苦労しますが、やればやったぶんだけ必ず上達したのが見える教本は、ほかに類を見ないのではないでしょうか。ホルンのために書かれたものではないので、低音域への応用は自主的に考えなければいけません。

◆コプラッシュ：60のエチュード（低音用）

「ホルンと言えばこれ」と永年にわたって世界中で使われてきたエチュード。移調読みを含めたホルンのテクニックのさまざまな面が学べますが、19世紀前半に書かれたということもあり、近現代の音楽に必要なテクニックについて触れられていないのが惜しいところ。

ダイナミクスやクオリティーを意識し、ゆっくりの速度でしっかり吹けるようになったら、テンポを表示どおりにしましょう。日本で刊行されているコプラッシュの教本には元々なかったテンポが指定されていますが、なぜかほとんどが遅過ぎるテンポ表示になっています。

◆ **レイノルズ：48のエチュード**

　コプラッシュとは異なり、近現代の複雑な音楽に特化して対応した練習曲集です。増音程や減音程、幅の広い跳躍など、学ぶべきところはたくさんあるでしょう。一見こんなもの吹けないんじゃないかと思わせる譜面ですが、楽譜を覚えるまで練習するとなんとかなるのだな、と努力の大切さを知ることができる上級者向けエチュードです。しかし、これも特殊奏法まではカバーできていないので、そんなエチュードの出現が待たれます。

◆ **マキシム・アルフォンス：200の練習曲**

　6巻あり、以前は1冊5000円くらいして高かったこのエチュードですが、今は全部インターネットでダウンロードすることができます。いろいろな形式の音楽が学べますが、たいていの人はあまりの曲の多さとインスピレーションのなさに2巻くらいまでやって放置する傾向に。アルフォンスさんももっとエッセンスを凝縮して40曲くらいにまとめれば、と悔やまれますが、それでもスタイルを学び始める人には大切なエチュードの一つです。

◆ **バッハ：無伴奏チェロ組曲**

　その名のとおり、元々チェロのために書かれたものですが、いろいろな人が移調し、編纂（へんさん）したホルン版を刊行しています。それぞれの版の違いは主に、原曲の重音の扱いや、ブレス位置やアーティキュレーションの提案など。ホルンでよく使う中低音域での音色の向上や跳躍、音程感やブレス・コントロールなどの技術的側面を鍛えられることのみならず、クラシック音楽の基礎とも言える、和声進行に伴う色彩の変化、通奏低音と旋律の関係、フレージングのセンス、様式感など、取り組みながらも考えなければならないことが多い素晴らしい曲ばかりです。

　ほかのエチュードとは一線を画した崇高な音楽を学べる大事な一冊で、一生取り組む価値があると言えるでしょう。

1日10分のデイリートレーニング

その15

　僕の練習メニューからウォーミングアップと基礎練習の一部をまとめたのが、付録のデイリートレーニング・シートです。ふだんほぼ必ず練習しています。

●ウォーミングアップを多くの実りに

　ウォーミングアップは、ホルンを演奏するための準備運動ですが、それにとどまらず、より豊かな時間へと変えていくことができます。たとえば、「深呼吸をしながら息を吹き込んでみたらどんな音になるか」「この音はどういう場面にふさわしい音だろう？」などと想像の翼を広げて音楽につながる可能性を模索できる、試行錯誤の時間でもあるのです。

　毎日繰り返すルーティンだからといって、思考までルーティンに陥らないようにしましょう。機械的な練習だからこそ、想像の翼を広げやすいのです。たとえば⑥や⑦の音階とアルペッジョや、⑧のイマジネーションあふれるロングトーンの音型は、ほとんどの教本ではホルンを吹くために必要な、基礎練習として扱われています。しかし、僕はこの練習を、一見単純でつまらなく見える楽譜から豊かな音楽的なアイディアを見つけ出すものだと捉えています。この積み重ねが、作品に向き合ったときに演奏に活かされます。

　演奏のアイディアをどのように見つければよいか？　ヒントは書き記しておきました。あなた自身の演奏上のイマジネーションを広げてください。

●時間がないときは

　どうしても時間がないときでも「柔軟と倍音列」の5項目だけは練習してください。ただし、これだけでは上達や音楽的な成長にはつながりにくいです。時間はつくるものです。デイリートレーニング・シート全体に取り組めるだけの時間をつくりましょう。調も、全調で練習するのが望ましいです。F管、B♭管を区別し過ぎず、音域が広がっていく感覚をつかみましょう。

きほんの「ん」
奏法から表現へ

Horn

独奏楽器としてのホルン

　ホルンの表現力はきわめて多彩で、音域の広さや音色の多さ、音量の幅などはオーケストラの楽器の中でも群を抜いています。

●責任は大きいけれど、喜びも大きい

　ひとたびソロを演奏したら、一音一音が必ず聴き手に届き、圧倒させるも引き込むも思うがまま。伴奏がいる、いないにかかわらず、独奏楽器としてホルンを演奏するときは、オーケストラや吹奏楽の中で吹いているのとはまた別のワクワクさせられる体験ですし、共演者との密なやり取りは、あたかも楽しい会話のようです。

　もちろん責任も大きく、あなたは与えられた時間を目いっぱい使って、聴衆を魅了し続けなければなりません。そのためには、楽曲への深い理解と演奏の計画、そしてその曲を演奏するのに「十分すぎる」テクニック、そしてあふれ出るインスピレーションが必要になってくるでしょう。

◆ソロだけが大変？

　たしかに、ソロ演奏は大変です。しかし、よく考えてみれば、上にあげた内容は、音楽家であれば誰もが最低限備えているべきことで、吹奏楽、オーケストラなど大人数で演奏しているときにも必要なものです。

　楽曲分析は勉強すればできるし、テクニックは練習すれば身に付く。インスピレーションは、ホルンではない、何か別の体験をすることで湧いてきます。つまり、誰にとっても不可能ではないことなのです。

　そして、ソロでの体験はオーケストラや吹奏楽での演奏にもフィードバックされます。人をひきつける演奏のために準備されたダイナミクスの幅や音色の多彩さ、そして強化されたスタミナは、合奏形態での演奏においても良い恩恵をあなたにもたらすでしょう。

●吹奏楽やオーケストラ曲の中のソロ

　協奏曲演奏やリサイタルに比べて、圧倒的に短い時間で聴いている人たちを自分の世界に引き込まなければいけないのが大きなポイントです。パート譜で丸々2ページ（！）を吹き続けなければならないほどの大ソロから、一瞬で過ぎ去るソロまでさまざまです。

◆演奏のために注意すべきこと

　まず最初に考えたいのは、**作曲家の求めていたホルンの音色やスタイル**は何かということ。たとえばバッハを演奏するときに、あまりに柔らかく重い、ロマンチックなスタイルだと曲とマッチしません。

　次に考えるべきは、**伴奏との音量バランス**です。ワーグナーのオペラ《ジークフリート》のホルン・コールのように、周りが誰ひとり演奏していないときは何の心配もありませんが、チャイコフスキーの《交響曲第5番》第2楽章のソロのように分厚い弦楽器群が伴奏しているときや、マーラーの交響曲によくあるソロのように、よく鳴っているオーケストラ全体を圧倒して聞こえなければならないときは、聴衆が満足できる程度にホルン・ソロが浮き上がらなければなりません。それは、ときには作曲家の指定した音量よりもずっと大きく演奏しなければならないということでもあります。そういう意味で、合奏内でのソロ演奏時の p や f は、**絶対的な音量を指しているのではなく、音色感を指していると考えるべき**でしょう。聴衆に届くように大きな音で演

譜例25　ワーグナー：オペラ《ジークフリート》より第2幕第2場（ホルン・コール）

譜例26　チャイコフスキー：《交響曲第5番》第2楽章のホルン・ソロ

奏していても、p に聞こえるような音色感。f と ff の音色の違いも大切です。

　短いソロでは特に、前後の文脈をよく理解したうえで音楽の流れに乗らなければなりません。自分より前に演奏している人たちのニュアンスにそろえ、後に演奏する人へうまく渡す。同時に、短い時間の中で自分の音楽性と方向性を、様式感に乗せることですてきなソロを演奏できるようになるでしょう。

●協奏曲

　ホルン奏者に求められる協奏曲の99パーセントは（特に日本においては）、モーツァルトとリヒャルト・シュトラウスの協奏曲です。よって、これらの数曲をレパートリーにしておけば、まず困ることはないでしょう。ほとんどの奏者の場合、これらの曲をまずピアノと共演することになると思いますが、ピアノとオーケストラの違いというのは、ことのほか大きいものです。

◆ピアノとオーケストラの違い

　まず、**音量**。どんなに小さく吹いても聞こえるのがピアノとのデュオの良いところですが、大きいオーケストラを相手にすると、あなたの演奏はオーケストラを超えなければならず、より大きな音を出すことが必須です。

　p や pp と書いてあったとしても、その音が大ホールの客席のすみずみまで聞こえるような演奏をしなければなりません。

　「どのくらい自分の音が際立って聞こえるのか」を知るには経験がものを言いますが、ステージ・リハーサル時に信頼できる仲間に客席で聴いてもらうことができれば、その心配はぐっと少なくなるでしょう。

　そして、**アンサンブル**。必ずと言ってよいほど、オーケストラはホルンの協奏曲に慣れていません。ヴァイオリンやピアノの協奏曲に比べて、圧倒的に経験値が少ないからです。ここは速くしたい、時間をかけたい、などテンポの入念なリハーサルを指揮者とともにやりましょう。また、協奏曲の王道の楽器に比べて、細かい音が聴き取りづらい音色のホルンでは、オーケストラの奏者たちが、音を聴いて合わせることが難しい状況が生じます。いつもよりはっきり演奏するべきでしょう。

　そして、ピアノとのデュオのときは一人だった共演者は、協奏曲演奏では数十倍にもなります。人数が増えれば増えるほど、オーケストラというもの

は最大公約数的に平均化され、動きが重くなっていきます。あなたがやりたいと思ったことは、残念ながら数回のリハーサルのうちに忘れられ、埋もれていってしまうかもしれません。あなたが本番中に得たインスピレーションによってリハーサルと違うことをしても、ついてきてくれる奏者はほんのわずかかもしれません。これは前述の「オーケストラにホルン協奏曲の経験値が少ない」ことと「ホルンの音色的に細かい音が聴き取りづらい」ことにも関係していますが、オーケストラの水準も大いに関わってきます。

　このような難しい面があるにもかかわらず、協奏曲演奏というものは素晴らしいもので、オーケストラを従えて演奏する体験は、回数を重ねてもなお光り輝くものです。前述の二人の大作曲家はもちろん、ほかにも名作がたくさん残っているのは、ホルン奏者にとって宝と言わねばなりません。

●ホルン・リサイタル

　聴衆を良い意味で（！）ドキドキさせることがあなたの仕事です。長いもので2時間以上に及ぶコンサートは、コンセプトとプログラミングがとても大事になります。あなたが表現したいことを、芸術家として考える。そしてそれに即したプログラムを、順番に注意を払いながら配置する。

　このコンセプトとプログラミングはコース料理のようなもので、たとえば前菜やスープにどんなものを出すのか、その関係性や、メイン料理の味の強さ、またデザートに至るまで、考えれば考えるほど、より深みのあるコンサートになるでしょう。

　プログラムが決定したら、各曲の曲目解説を自分で書いてみるのもよいでしょう。作曲家がどんな状態で作曲したかを調べたり、それにまつわる時代背景などを知ることは、あなたの演奏や解釈に大いに役立つに違いありません。

　そして、立居振舞も重要なポイントです。あなたの一挙手一投足で、聴衆は今日の演奏のスタートを迎え、そして終わるのです。

　スタミナも管楽器奏者にとっては大きな課題です。アンコールの最後の瞬間まで柔軟な唇を保つために、日頃の練習の仕方はもとより、本番前日や当日のリハーサルの時間配分を注意深く考えましょう。

きほんの「ん」

アンサンブル奏者として

　ホルンという楽器は、その混ざりやすく柔らかい音色ゆえに、たくさんの種類の楽器とのアンサンブルが可能です。

●「歩み寄り」のできる室内楽奏者

　良い室内楽奏者になるための条件というものがあるとすれば、「歩み寄り」ができるかどうか、だと思います。音程や音色、音楽の方向性に至るまで、複数人での演奏には統一という作業が必要になってきます。自分の音楽性を発揮しつつ、自己満足に陥らないように助け合い、歩み寄る。もしそれがなければ、1＋1は永遠に1＋1のままです。各奏者たちの歩み寄れる幅が大きければ大きいほど、1＋1が2に近づくのではないでしょうか。

●鍵盤楽器とのアンサンブル

　ピアノなど、鍵盤楽器とのアンサンブルで最も注意すべきなのは以下の2点。

　一つは、**妥協できない正確な音程**です。事前に調律される楽器は、当然ながらその場でピッチを変化させることができません。和声的なフレーズでも、厳密には常に平均律を追い求めなければ、音程のズレは奏者と聴衆を苦しめるでしょう。しかし、バランスや音色の使い方で、そのズレを気にならない範囲に抑えることはできます。

　もう一つは、**ホルンのアタックと鍵盤楽器の打鍵、レガートのかかり方の違いをそろえる**ことです。もちろんホルンはホルン、ピアノはピアノと割り切ってしまう考え方もありますが、そればかりではアンサンブルの精度を上げることができないのも事実です。

　この2点を突き詰めるうえでは、非常に苦心しなければならない難しさがあります。しかし、お互いのやりたいことが会話のようにすぐ理解できるというデュオの魅力は、何物にも代え難い音楽的財産になるでしょう。

●木管アンサンブル

　古典派の時代、「管楽器のアンサンブル」と言えば、木管五重奏やハルモニームジークなどの、木管楽器とホルンとの合奏形態を指していました。

　シングル・リード、ダブル・リードなど発音原理が違う楽器との密接なアンサンブルでは、音の始まりのニュアンスをそろえるのに気を使わなければなりません。音の大きいホルンは木管楽器の繊細な表現に寄り添うためにも注意を要します。それらがクリアできれば、多彩な音色は特にフランス音楽において美しさを発揮しますし、融和して重厚な音はドイツのレパートリーにも木管アンサンブルの存在感を示すでしょう。

●金管アンサンブル

　金管五重奏や金管十重奏など、楽しい曲が多いのがこの編成の特徴です。全員が唇を使って音を出しているので、発音やニュアンスをそろえやすいのが大きな利点です。

　ベルが前を向いている楽器と演奏するときは、つい音量で対抗しようとして、キャパシティを超えた音を出してしまいがちですが、僕たちホルン奏者にとっていちばん大事なことは「空間を響かせる」こと。ただテンションを上げて演奏するのではなく、少しの冷静さをもってサウンドをつくり上げれば、あなたのグループがいっそうすてきに聞こえることは間違いありません。

●ホルン同士のアンサンブル

　ホルン奏者が圧倒的に体験することの多いアンサンブルではないでしょうか。二重奏から数十人で演奏するものまで編成は幅広く、日本全国、世界各地に多くの団体が存在しています。ホルン奏者は群れたがる、と言われる理由の一つかもしれません。

　ホルン・アンサンブルでさじ加減が難しいのは、音色の「**融和**」と「**乖離**」です。まず「融和」から説明すると、ホルン・アンサンブルを聴いて美しいと思ってもらうためには、最高音を受け持つ奏者から最低音を受け持つ奏者まで、強い音も弱い音も、音程はもちろん、音色をできるだけ統一しな

きほんの「ん」

ければなりません。誰かがひときわ強い音色で吹奏してしまったら、積み上げたサウンドはもろくも崩れ落ちてしまいます。低音奏者が、自分の存在を聴衆に知らしめるために吹き過ぎてしまう場合が特に多いので注意しましょう。

　矛盾するようですが、すべて同じホルンという単一楽器のアンサンブルにおいて、メロディーや主要な動機などが特に内声部にある場合、浮き出たように聴かせるのが非常に難しいときには「乖離」が重要になります。周りの奏者に音量を調節してもらう以外の方法としては、音色や発音をクリアにし、やや高めの音程で演奏すると、あなたの音楽が客席に届きやすくなるでしょう。

●弦楽器とのアンサンブル

　モーツァルト作曲の《ホルン五重奏曲 K.407》やブラームス作曲の《ホルン三重奏曲 Op.40》に代表されるこの組み合わせは、弦楽器の奏者たちがどれほど発音やニュアンスに神経を使って演奏しているのかを体験できるたいへん良い機会です。特に音程に関しては、優秀な奏者であればあるほど、鋭敏な感覚をもっているのに驚かされるでしょう。

　アップ・ボウの信じられないような繊細な音の入り、ヴァイオリンのE、A、D、Gの4本の弦ごとの音色の違い、ヴィブラートの多彩さなど、参考にすべき点はたくさんあります。あるときはホルンらしく、あるときはヴィオラとチェロの中間の弦楽器のように、自由自在な変化を生み出すことができれば、より一層の色彩感が生まれます。

●声楽とのアンサンブル

　「歌うようにホルンを演奏する」のはわれわれの大きな目標の一つですが、実際に歌手と共演してみると、詩の力の大きさに目を見張ります。彼／彼女たちは、当然ながら、その詩の内容から音楽を判断して歌い方や声質を使い分けます。器楽奏者に比べ「詩」という要素があるため、そこからもインスピレーションを受けられるのです。シューベルト作曲《流れを下る船上でD.943》のようなホルンの美しいオブリガートも、まるで詩の言葉のようにさまざまなニュアンスに富んだ演奏をすることができれば、器楽とのアンサンブルでは体験できない素晴らしい世界が開けます。

スコアの使い方

●スコアは、音楽における台本

特に新しい曲に出合ったとき、自分自身のパートを演奏できるようになるのはもちろん大切ですが、スコアを読むことは欠かせない重要なことです。

「パート譜」と「スコア」というのは、「役者の担当セリフ」と「台本」の関係に似ています。あなたがもし自分のセリフしか知らずに演技しているとしたらどうでしょうか。目の前であなたにしゃべっている人がどういう人なのか、そしてどういうシーンなのかわからない状態でいい演技ができるでしょうか？

音楽をより魅力的にするためのヒントをいくつか挙げてみましょう。

●1. 他パートがしていることを知る

まず、自分のパートが旋律なのか、伴奏なのか、対旋律なのかを知ることはとても大切です。

旋律であれば自由に演奏していいということでもありません。伴奏や対旋律の編成によって、大きめに吹かなければいけないのか、小さく演奏したほうがバランスが良いのかを判断しなければなりません。

伴奏時は旋律が聴こえるように演奏しなければなりませんし、その旋律のリズムやフレーズなどにうまく寄り添えるように、自分の担当していないメロディーをよく知らなければなりません。

難しいのは対旋律を受け持っているときで、どのくらいのバランスで演奏すべきかは、自分の判断はもとより、指揮者のセンスにもかかっています。特に対等な旋律が複数ある場合などは、バランス調整に苦慮するところの一つですが、メンバー一人一人がスコアをしっかりと読んでいれば、ほんの少しの味付けで立体的に聴こえてくることが可能になります。

●2. 自分と同じ動きの人を知る

　自分の役割がわかった後に知るべきなのは、同じ内容を話している仲間たちの存在です。それがホルンだけなのか、チェロと一緒なのか、フルートと一緒なのか。それによって考えなければならないことがたくさんあります。

◆音量

　一律に f や p と書いてあることがほとんどですが、楽器間でのダイナミクスの感覚の差に注意しましょう。たとえばクラリネットは弱音が得意な楽器なので、彼らの p はホルンにとっては pp に相当する場合もあるでしょう。前を向いて音を出すトランペットやトロンボーンは、ホルンより音量が大きい傾向にあるので、書いてあるダイナミクスよりやや大きめに演奏すると作曲家の望んだバランスに近づきます。

◆音色

　たとえばヴィオラと一緒のときと、チェロと一緒のとき。この二つの楽器の音の違いをしっかりと感じ取り、それらに溶け込むように、または輪郭を作るように音色の調整をしましょう。音域によって音色の差が顕著に現れる楽器もたくさんあります。

　また、ホルンのほかに複数の楽器と同様のことを演奏する場合は、それらの楽器の橋渡しができる音を作らねばなりません。たとえばオーボエとファゴットと一緒ならば、その中間の音色を取ったり、全体を包み込んでみたり、選択肢はたくさんあります。

◆タッチ

　楽器によって、そしてその音域によって、発音の得意不得意がどうしても出てきます。たとえばフルートの低音域はハッキリしたアタックが苦手ですし、金管楽器の高音域は柔らかいアタックがやりにくい。レガートが美しい楽器もあればマルカートの得意な楽器もあるでしょう。これはどんな名手でも多かれ少なかれそういう傾向になるものですので、その事情を考慮しながらニュアンスやアーティキュレーションをそろえ、アンサンブルすることを心がけましょう。

譜例 27　リヒャルト・シュトラウス：交響詩《英雄の生涯》

●3. 和声のどの音を担当するのかを知る

　クラシック音楽、特に調性音楽では和声の進行が非常に重要です。ホルンは和音が変化しても同じ音をずっと延ばしていたりしますが、当然ただ音を延ばすのではなく、和声進行上重要な和音に向けてのフレージングや、和音上必要な音程やバランスの変化などに繊細に注意深くならなければなりません。

　旋律を担当している場合も和声感覚は重要です。たとえばメロディーがその調の第3音から始まっていた場合。「なぜ作曲家が主音からの旋律にしなかったのか」をという疑問をもち、自分なりに答えを模索していくことが大事です。同じ旋律が複数回出てくる中で、伴奏の和声進行が変わっている場合なども、違った表情で演奏されなければならないでしょう。

　コラールを演奏する場合、主旋律が和声進行によって音程を調整すると、聴衆には奇妙に聴こえてしまいます。主旋律はあまり調整せず、ほかの声部を担当している人が音程や音色を駆使して美しく響くようにサポートしなければなりません。旋律が最上部にあるとは限らないことにも注意しましょう。

●4. 前後のフレーズの流れを知る

　あなたの演奏は必ず何かを引き継ぎ、そして何かに引き継がれていきます（「何か」にはもちろん「静寂」という間も入ります）。あなたの演奏する前のフレーズはどのように終わっていくのか、またはどのようにつながってくるのか。これを正確に読み取ることができると、あなたの出だしの音色やタッチ、音程などはもう決まっているに等しいものです。また、あなたの演奏し終わった後にどのような音楽が待ち構えているのか。あなたの演奏をどのように終えて次につなげるのか、の大きなヒントになります。

　もう一つ注意を払いたいのは、自分の演奏するフレーズが、自分より前に誰かが演奏しているのを発見すること。これは、いわば同じことをもう一度話すのに等しいわけですから、前にどのように演奏されているかを知ることは大事なポイントです。

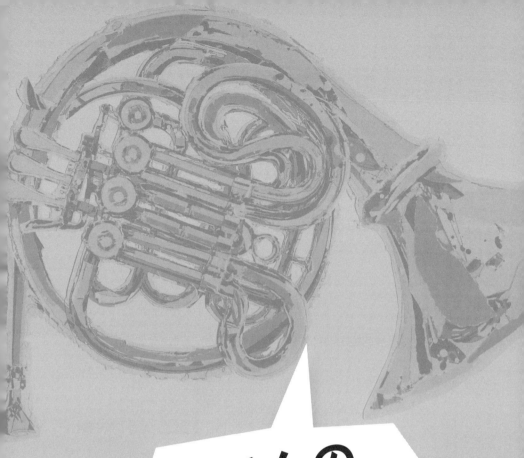

きほんの「上」に
楽しく音楽を続けよう

Horn

1日の練習の組み立て方

●考え抜いた練習計画でうまくなる

毎日、少しずつでもうまくなるために、練習計画というのは個人個人で考え抜かれたものを使用すべきでしょう。ここでは、合奏以外の個人練習における時間の使い方を提案したいと思います。

◆基本の時間配分

個人練習の時間を100として、時間割をどのように配分していくか決めましょう。これは自分のレベルや状況に合わせて常に変化させていきましょう。

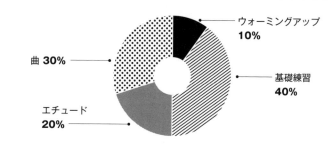

図10　時間配分の例

その際には

▶ウォーミングアップと基礎練習にかける時間はどのくらい？
▶その中で苦手な分野の練習時間はどのくらい？
▶エチュードを練習する時間は？
▶今、練習しなければならない時間は？
▶今後、練習しなければならない時間は？

などを考えて時間配分を決めていきますが、この時間配分は、コンサートが近づくにつれて変化していきます。

たとえば、スタミナ増強のためエチュードの時間を増やしたり、口の疲れを取るために柔軟性の練習の割合を増やしたりするのです。

僕の場合、自分の練習に取れる時間が日によって大きく変わるので、練習内容も変わります。

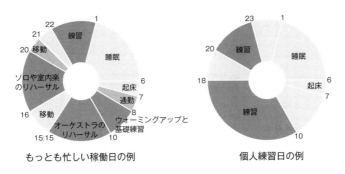

図11　スケジュールの例。個人練習日には最初にウォーミングアップと基礎練習を90分ほど行い、残りの時間で演奏予定曲の練習をする

　このように、毎日のスケジュールに合わせ、柔軟に対応して練習配分をしているのですが、**いちばん難しいのは個人の練習時間を確保すること**です。プロフェッショナルの奏者になれば、レッスンをしたり、オーケストラの練習があったり、コンサートの打ち合わせがあったりと、1日が飛ぶように過ぎて行き、自分自身に割ける時間がほとんどないのが実情です。この本を読んでいるみなさんも、合奏だ学生生活だ遊びだ仕事だ、といろいろなものに追われているでしょう。しかし、**時間はつくるもの**。プロフェッショナルの人たちはどうしても練習できないとき、深夜に数時間練習することもあります。それほどに個人の練習というものを大切に考えているのです。あなたは、毎日少しずつホルンがうまくなるために、どうやって時間をつくりますか？

●練習と休憩

　長時間練習をしてバテてきたと感じたら、少し柔らかい音で柔軟をして休みましょう。適度に休憩が大切なのですが、この「適度」は人によって違います。10分吹いて5分休むのが合っている人もいれば、60分吹いて5分休むスタイルの方が調子が出る人もいます。よく、何分吹いたら何分休む、と一律に言われることもあるのですが、自分自身がいちばん充実して練習できる配分を身に付けましょう。

メンテナンス

●素晴らしい演奏は良い状態の楽器から

今まで、日本中ですごい状態の楽器をたくさん見てきました。

ロータリーがニチャニチャしているのはまだまだかわいいほうで、

- ▶管が抜けない
- ▶ロータリー・キャップがどこかにいってしまった
- ▶ウォーター・キイが外れてしまい、セロテープで止めている
- ▶ハンダも外れているから、それもセロテープ止め
- ▶吹こうとして息を吸い込んだら臭い
- ▶ベルが真っ平ら

などなど、枚挙に暇がありません。当然ですが、このような楽器で素晴らしい演奏などできるわけはありません。ひどいものは一刻も早く修理に出してもらうとして、自分でできるメンテナンスについて書いていきます。

●歯をきれいに磨く

楽器というものは非常に緻密に設計されており、少しでも凸凹があると音程や鳴りに影響してきます。楽器をぶつけないことは最低限のルールとして、**管内の汚れ**の話をしましょう。

口で演奏している以上は、楽器内に口内の汚れが侵入することは避けられません。管内に付着していく汚れは、だんだんとその体積を増し、楽器本来の能力を発揮できなくしていくでしょう。それをできるだけ防ぐために、丁寧な歯磨きと、管内の掃除は必須です。

図12 管内の様子 　きれいな状態 　　汚れが溜まった状態

しかし、プロフェッショナルの奏者の中にもある一定数、管内の汚れを気にしない人もいます。理由はいくつか考えられます。まず、管に凸凹があり、そこにうまい具合に汚れがたまり、結果きれいな円形の断面になって音程や鳴りに影響が少ない場合。また、ヘドロ化した汚れに管内が覆われたことにより、まろやかな音になっていると感じられる場合。あるいは、付着したヘドロにより管が細くなり、抵抗感が増したその感じが好きな場合。

　……なんだか汚い話になってしまいましたが、われわれのホルンに使われている真鍮という素材は、水分に強いとはいえ金属です。管内に付着したヘドロは、侵食やサビに強い真鍮ですら腐食させます。あなたの大事な楽器の寿命を縮めているのです。

●管内を掃除する

　管内の掃除はどうしたらよいでしょうか？

　口内からの汚れの多くはマウスピースとマウスパイプにたまります。ここを掃除しないと、汚れがロータリー部まで浸入していき、より重大なトラブルを引き起こす恐れがありますので、なんとかここで食い止めましょう。

　マウスピース・クリーナーやマウスパイプ用スワブなど、専用の掃除道具がいろいろ出ていますが、管内部を傷つける可能性もあるので、ゆっくり動かしましょう。

　理想は3〜4日に1回。少なくとも2〜3週間に1回は掃除してください。

　また、汚れを取り去っても緑青やカルシウムなどが出ている場合にはやはり楽器を侵食していく可能性があります。管内部は見えないので判断しづらいのですが、これらを落とすには化学薬品が必要です。市販されている楽器専用の薬品には限界があるので、楽器を長持ちさせるために信頼できるメンテナンス先を探すことも大事です。

　というわけで、汚いものを管内に大事に保存している前述のプレイヤーに対しては、次のように言うことにしましょう。

凸凹が平らになっていいんだよ派には
　→　凸凹を直しましょう

まろやか派には
　→　そんな気がするのは本人だけで、周りにはその違いは分からないものです

抵抗感があるほうが好きなんだよね派には
　→　はじめから抵抗感の強い楽器を吹けばいいんじゃない？

皆さんは、腕も歯もよく磨きましょう！

●ロータリーのメンテナンス

　現在の楽器は、チタン製やメッキされたロータリーが一部にありますが、ほとんどのロータリーは無垢(むく)の真鍮を削り出して造られています。侵食や錆(さび)に強い真鍮といえども、一日に数千回も動くと、錆と磨耗(まもう)は避けられません。

　ロータリーは言わば楽器の心臓部です。ここがしっかりしていないとあなたの楽器の良さを100パーセント出すのは難しくなってきます。メンテナンスを怠るとどういうことが起こるのか書いてみましょう。

▶汚れが入り込み動きづらくなる
▶錆によって極小の凹凸ができ、それに引っかかり動きが止まる
▶磨耗によって軸がぶれ、動きが止まる
▶ロータリー側面が削られることで、内部の気密が保たれなくなる

　気密が保たれなくなると何が起こるかというと、息のロスが多くなり、たとえば100の息を入れても出てくる音量が80に下がってしまったり、音の立ち上がりがクリアでなくなったりします。気密が緩くなって周波数の高域特性が失われることにより（これはヴィンテージ楽器が好きな奏者の理由の一つでもあるのですが）、音が柔らかくなる＝ボケるのです。

　うーん、あまり良いことがないですね。

◆オイルを差してロータリーを保護

　磨耗や錆をできるだけ防ぐため、オイルを差して、ロータリーを保護しましょう。

まずは差し方です。

①理想的なのは管の抜き差し部分から直接ロータリーに差すことです。しかし、抜き差し部分のグリスがオイルとともにロータリーに入ると動きを悪化させてしまうため、非常に難しい差し方です。

差すときは粘度が低め、サラサラなヴァルヴ・オイルを使いましょう。

写真15　抜き差し部分からヴァルヴ・オイルを差す

②上の方法が難しい人は、ロータリー・キャップ側と軸に直接、オイルを1〜2滴差しましょう。

この2か所のオイルは同じものでかまいませんが、前述のヴァルヴ・オイルより少し粘度が高めのスピンドル・オイルを差しましょう。外気にさらされているのと、動かしているうちに飛び散ってしまったりするので、3〜4

 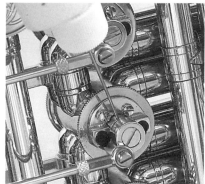

写真16　ロータリー・キャップ側（左）と軸（右）に直接ヴァルヴ・オイルを差す

日に1回は差すことをオススメします。ちなみに僕はこっちのやり方しかない（できない）派です。

　オイルはたくさんの種類が出ていますが、ヤマハやヘットマン（Hetman）製のものが種類が多く、用途にあったものを探すことができるでしょう。ロータリーの気密が悪い古い楽器を使っている場合は、粘度が高いオイルを使うと、良い効果があるようです。

●抜き差し部分の掃除

　外部と内部の汚れをガーゼで拭き取ります。その際、クリーニング・ロッドなどを使うと便利です。グリスは付け過ぎるとロータリーに入り込み、逆に少な過ぎると管体を保護できません。磨耗してしまった古い楽器には硬めのグリスがよいようですが、個人的な印象としては、硬いグリスであればあるほど抵抗感が強くなっていきます。

●ベル・リングの掃除

　デタッチャブルの楽器では、ベルと本体の接続部のネジ山に汚れがたまるので、ガーゼで拭いてオイルを2〜3滴垂らしましょう。うまく回らない、取れないという場合はリング部が歪んでいる場合があります。一刻も早く修理しましょう！

●ノー・ラッカーの楽器のメンテナンス

　ラッカーの第一の目的は楽器の保護です。その保護の恩恵にあずかることのできないノー・ラッカーの楽器でいちばん困るのが錆です。大切なのは触ったところ、水が付いたところをよく拭くこと。湿気の多い日本では至難の技ですが、乾いた状態でケースにしまうことがポイントです。

　余談ですが、長い間保管する場合、ケースに入れてしまっておくというのがよくないことがあります。密閉されて水分が飛んでいかず、かえって錆を進行させてしまうのです。理想としては、日光の当たらない風通しの良い部

屋の棚に、クロスをかけて置いておくことでしょうか。大切なワインを寝かせておくように。

ノー・ラッカーの楽器の錆を落とすために、薬品を使って磨く場合があります。光沢が出て、まるで新品の楽器のようになりますが、表面の化学変化や研磨のために、基本的には楽器にとってあまりよいこととは言えません。ここぞというときのみ（年に1回くらい）にしておきましょう。

column コラム　口のケア

金管楽器を演奏している人間にとって、口のケアというのは楽器のメンテナンスと同じで、とても大事です。乾燥してパサパサになった唇は、ソフトな反応や美しいレガートなどを生みだしにくいうえに、皮がめくれて傷になりやすいのです。筋肉の疲労は、音色の精彩を欠き、スタミナの著しい減少を招きます。

●保湿

第一に考えたいのは、唇の保湿です。すぐ思いつくのはリップ・クリームですが、メントール入りのものはかえって乾燥を招く場合があるので、避けたほうがよいでしょう。合わない人もいるかもしれませんが、ワセリンを勧めるプロ奏者も多いです。

また、マスクをするのも乾いた外気や紫外線から唇を守る手段の一つ。リップ・クリームが合わない人にもお勧めですし、リップ・クリームとマスクの併用もよいでしょう。

●疲労回復

きつい曲や、忙しいスケジュールのときには、唇に対するダメージとともに、口の周りの筋肉も疲労し、演奏に大きな影響を与えます。

スポーツの世界では筋肉疲労に対してアイシングという方法が浸透しています。タオルやガーゼを巻いた保冷剤などで20分ほど筋肉を冷やし、軽くマッサージしてから寝ると、次の日に残る疲労が格段に少なくなります。

また、唇と筋肉の回復に、ビタミンB群を摂取するのも一つの手段です。疲労回復や、粘膜の代謝、口内炎の予防にもなりますが、一部のビタミンBについては、過剰摂取で危険な症例も報告されていますので、用法、用量は必ず守ってください。

きほんの「上」に

楽器を習う、教える

●レッスンを受けるということ

　あなたがうまくなりたい！　と強く思ったときに、誰かのレッスンを受けようとすることはとても素晴らしい考えです。本やインターネットの文章、映像などから想像で補い、独学で練習することはとても大切ですが、限界もあるでしょう。レッスンを受け、あなたが抱える「個人的な」問題点に対するアドヴァイスをもらえることはとても大切です。

◆レッスン時間を最大限有意義に使うには

　生徒として覚えておいてほしいのは、受け身でレッスンに行くことはお金と時間の無駄遣いにほかならない、ということ。**先生は、あなたをうまくしてくれるのではありません。**先生はあなたの成長するべき方向を調整してくれるだけで、**うまくなるのはあなた自身**なのです。たしかに、うまくなった気にさせる先生というのは存在します。しかし週に1回、1時間のレッスンに行ったとしても、残りの6日間と23時間はあなたが自分自身を客観的に見て育てなければなりません。自分の問題点、上達するための練習方法を、まず「自分で」考えたうえで先生にぶつける。レッスンの短い時間で「これをやってきました」だけではもったいない。

　「これをやってきたんだけど、ここがテクニック的に難しく感じる。こういう練習方法を考えたんだけど、これで間違いないか？」「ここが音楽的にどうしても納得いかない、ここをこうするにはどうしたらいいだろう？」と疑問を提示するのが、レッスン時間や自分一人の練習時間を最大限有意義に使うコツでしょう。

　レッスンは一つの発表の場でもあります。緊張することもあるし、うまくいかないこともあるでしょう。しかし、一回一回のレッスンを大切にし、その経験を生かすことで、ステージ上での素晴らしい演奏に到達するのです。

●レッスンをするということ

　もしあなたが誰かに「教えてほしい」と言われたら、きっとあなたはその人よりもうまく、経験も豊富でしょう。教えるということは、自分の漠然としていた思いを言語化する作業を伴うので、自分の奏法や音楽に対してハッキリとした考えをもつことになります。そして生徒の成長を見ていくうちに、さまざまな自分へのヒントがそこにあることにも気付くでしょう。自身がプレイヤーとして成長するためにも、レッスンをすることはとても大切です。

◆心しておきたい二つのこと

　僕たちは、二つの重大な点に気付かねばなりません。
　一つは、**教師によって、生徒の成長が大きく変わってくる**ということ。
　「ほかの人が教えたら、この生徒はもっと伸びるかもしれない」「この子の才能を知らず知らずのうちに潰してはいないだろうか」と懐疑心をもつことは非常に大切で、自分の教師としてのスキルアップを目指すことにつながります。経験の少ない教師は、試行錯誤をし続けて生徒をたくさん教えることでしか経験を積めない。そしてそれにゴールはない、というのはプレイヤーとまったく同じです。常に自問自答しましょう。
　もう一つは、**自分の経験を超えたものは教えられない**、ということです。例えばあなたが上吹きだったら、下吹きの生徒を本当の意味でアドヴァイスすることはできない。逆もまた然りです。教師にも限界がある。ではどうすればよいか。解決策は二つ。**自分自身が学び続けること**、そして**その分野が得意な教師のところへ生徒にレッスンに行かせる**こと。生徒の成長を真に願っているならば、できることはすべてやるべきでしょう。
　生徒にとって、先生との出会いは人生を左右するほどの大きな要素になることが少なくありません。生徒の無数の疑問に、打てば響くように応えられる先生ならば素晴らしい出会いでしょう。しかし大都市を除けば、ほとんどの場合先生を選ぶことはできません。教師は自分が素晴らしい先生であるために、常に貪欲に情報を集め、成長し続けなければならないことを忘れないでください。

きほんの「上」に

僕の音楽的価値観

●ヴァイオリンやピアノにも負けない表現力で

　ホルンの勉強を始めた頃に師匠に言われた、忘れられない言葉があります。
　「歌うように演奏しなさい。
　ホルンはヴァイオリンやピアノにも負けない表現力があるんだから」
　この言葉は、自分の音楽家としてのスタイルを決定付けた大きな要因になっていると思います。

　世界には千差万別の価値観があり、明るい音を唯一無二だと思う人、暗く柔らかい音を第一に考える人、音量やタッチに至るまで、それぞれの好みがあります。その価値観のどれが優れているというものでもありません。
　バラバラな分、さまざまなスタイルがあり、ホルンの表現力の広さを物語っているのではないでしょうか。それが統一されてしまったら面白くもなんともない！

●どの音楽スタイルも自分の表現力の中に

　僕自身が大切だと思っているのは、どのスタイルもできるだけ自分の表現力に取り入れよう、と努力すること。より魅力的な絵を描くために絵の具の種類を増やすように、表現力の引き出しを増やす。そうすると自分のスタイルの立ち位置というのが自然と決まってくる気がします。
　これは、クラシックの、ホルンの歴史が浅い日本だからこそできたのかもしれません。生まれ育った環境や勉強した場所によって、その国のスタイル以外のことが見えなくなってしまう人もたくさんいます。この極東の島国だからこそ、伝統にとらわれず新しく作ることのできるものがあると思うし、それが僕の音楽家としての活動の中心となっているように感じます。

●音楽以外のものからの刺激

　僕は、日常のさまざまなことを音楽に結びつけて意識することも大切にしています。たとえば美術館に行ったとき、素晴らしい風景を見たとき、美しい建築物を見たとき。それを写真に収めるよりも、記憶することを重要視します。そしてさまざまな音楽シーンにおいて、それをどのようにホルンを通して再生するか、を独りでじっくり考え、試行錯誤する。

　その繰り返しが、音楽的アイディアが自然発生するということにつながるのではないでしょうか。

●あなた自身の価値観はどのように育てる?

　さて、読者の皆さんは、自分の価値観をどのように考えているでしょうか？

　プロフェッショナルであってもアマチュアであっても、ホルンという楽器をステージで手にしたときには技術に関係なく、あなたは自分の表現したいことを存分に出すのが宿命の「音楽家」となるべきです。

　あなたの音楽の価値観はどういうものでしょう？

　正解はありませんし、間違いもありません。

　人からの評価が気になるかもしれませんが、それへの対処は簡単です。批判されたくなければ、何もしなければよい。しかし、称賛が欲しければ、自分から何かをしなければならない。

　自分の音楽は自分だけのものです。一人の音楽家として、自分が自分の大ファンになれるように音楽を磨いていこうではありませんか。

写真17　リサイタルで演奏する筆者

緊張

　想像してみてください。目の前には数千人の聴衆、中には怖そうな顔の審査員たちや、自分の輝いているところを見てほしい家族や恋人、友人たちもいるかもしれません。そのとき、あなたは何を思うでしょうか？
　もっとふだんから練習しておけばよかった？
　数秒後に訪れるあの難しいパッセージをもう一度練習しておけばよかった？
　あるいは緊張して舞い上がり、何も考えられない？

●緊張しない音楽家は存在しない

　正しく演奏できる技術が備わっていて、強靭なスタミナもあり、演奏上のテクニックに何も問題がない音楽家にも、ある一つの問題が残ります。それは、音楽家なら誰もがもつ、精神的な不安定さ、緊張にまつわる問題です。
　断言しますが、「緊張しない音楽家」は存在しません。
　もし「自分は緊張しない」なんてことを言う人がいれば、その人は「音楽家」でないか、ハッタリを言っていると解釈して間違いないでしょう。協奏曲やリサイタルなどのソロ活動で世界的に演奏しているピアニストやヴァイオリニストでさえ、本番では緊張しています。
　では、緊張は悪いことなのでしょうか？
　多くの人が、本番でうまくいかなかったことを緊張のせいにしますが、本当にそうでしょうか？

●練習と本番の関係

　練習で成功率80％だったものは、本番で、うまくいかないほうの20％が出ても何もおかしくありません。まずは練習時の成功率を上げることが大事でしょう。
　「練習は本番のように、本番は練習のように」という言葉をよく聞きますが、

大きな間違いだと僕は思っています。

　練習時にどんなに真剣に集中しても、本番のホールの響き、聴衆の反応、緊張感などは再現できません。同様に、本番のときには、狭い部屋のようにすべての音が聞こえる状態でもなければ、仲間うちだけのリラックスした精神状態ではいられないでしょう。

　僕たちはホルン奏者である以前に音楽家であるべきです。本番で、練習と同じ予定調和の演奏をすべきではない。その場での音楽の流れに敏感に対応し、聴衆をひきつけ、そのプレイをほかの奏者にもアピールし、反応してもらう。そういう点においては、僕たちクラシックの演奏家よりも、ジャズの一流ミュージシャンは何倍も鋭敏な感覚をもっています。

　本番のときは本番でしかできない演奏を。緊張感すら自分の音楽に取り入れることも大事です。

●緊張は悪いことではない

　このことを声を大にして言いたいと思います。なぜなら、緊張によって感覚は研ぎ澄まされ、ふだん聞こえなかったものが聞こえ、集中力が上がるからです。**いいことだらけ！**

　「緊張を抑える方法」はいくつかありますが、いずれも低いテンションで演奏することになり、聴衆を興奮させる本番にはほど遠い結果になるでしょう。

　本番で緊張してうまくいかなくなる、という状態には間にいくつかのプロセスがあります。時系列で追えば、たいていは次のような負のスパイラルに陥っているのでしょう。

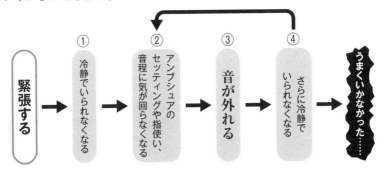

図13　緊張から始まる負のスパイラル。スパイラルを脱出できるポイントが途中に4つある

僕の経験上、負のスパイラルをストップできるポイントがいくつかあります。
①緊張し、冷静でいられなくなる段階
「緊張」と「冷静でいられなくなること」はイコールではありません。「自分が緊張している」という状態を認識し、たとえば「そりゃそうだよね、大舞台だし」「アイツにいいとこ見せたいから緊張してる！」などと客観的に認めることが、落ち着きを取り戻す第一歩でしょう。大切なのは、緊張をなくそうとするのではなく**「緊張感を保ったまま」落ち着くこと**です。
②アンブシュアのセッティングや指使い、音程に気が回らなくなる
③音が外れる
ふだんより冷静さを失ってしまったら、日頃の練習がものを言います。あなたが毎日のように繰り返してきた楽器を吹く感覚は、決してあなたを裏切ることはありません。楽器もマウスピースもいつもと同じもの。練習時の成功率が高いならば、そのレベルから大崩れするなんてことは考えづらい。そしてステージの上にも、客席にも、あなたのミスを望んでいる敵は一人もいないのです。誰もが音楽を楽しみに来ている純粋な空間。さあ息を吸って！　後は演奏するだけです。
④さらに冷静でいられなくなる
この段階に至る前に、一つ確認したいことがあります。実はあなたが少々ミスしたとしても、誰かに不幸が訪れるわけではありません。医者なら、ミスが患者の生命に関わることもあるでしょうが、僕らは時間芸術の音楽家です。すでに過ぎ去った一瞬に囚われるよりも、過ぎ去ろうとしている今この瞬間をより美しく、よりエキサイティングに、あるいは哀しみに濡れて、または弾けそうな喜びをもって演奏することが何よりもいちばん大事なこと。「今」を生きているのは、あなたなのです。

日本ではステージに出る直前に「頑張って！」と言うことが多いですが、クラシックの本場であるヨーロッパやアメリカでは「楽しんでね！」という言い方をします。
皆さんも、Enjoy your music life!

おわりに

　中学校に入学したばかりの頃、先輩に無理やり連れていかれた吹奏楽部の部室で、僕は初めてホルンという楽器に出合いました。当時背の小さかった僕には大きく、重い楽器でしたが、あるソリストのモーツァルトのホルン協奏曲の録音を聴いた際に、いっぺんにこの楽器の虜になりました。なんて美しい音楽なんだろう、なんてきれいな音なんだろう。すぐにモーツァルトの楽譜を買ってきて、運指や移調読みのことなどよくわからないうちに、耳コピと譜読みの同時進行で吹いたのをよく覚えています。もちろん楽器を始めて数週目の人間がうまく演奏できたわけもありませんが、録音と同じメロディーが吹けた瞬間、本当にうれしかったのが、僕のホルンに対する気持ちの原点だと感じます。

　もっと楽器がうまくなりたいと思ったとき、僕の場合は身近にホルンを専門に学んだ先生がいたり、紹介していただいた先生が本当にフィーリングの合う一生の師匠になったりと、幸いにも非常に環境に恵まれていました。

　しかし、人は迷うものです。数週間に一度の1時間のレッスンの間はすべての疑問が解消されますが、それ以外の時間は自分で自分を育てなければなりません。

　また、ホルンの演奏において信頼できる指導者が周りにいない場合、効果的でない練習方法が伝統として受け継がれている場合もよくあります。

　そして、目先の音程やリズム、タイミングに集中するあまり、根本に流れる音楽の精神が失われてしまうときもあるでしょう。

　そんなときに、皆さんにとってほんのわずかでもこの本が道しるべになったとしたら、こんなに幸せなことはありません。

　いつかあなたの素晴らしい演奏を聴く機会がありますように！

2019年2月

福川伸陽

特別寄稿

「本番力」をつける、もうひとつの練習
誰にでもできる「こころのトレーニング」

大場ゆかり

　演奏によって、私たちの心を動かし、魅了してくれるすばらしい音楽家たちは、表現力が豊かで卓越した演奏技術はもちろんのこと、音楽に対する深い愛情をもち、音楽を楽しむ気持ちを大切にしています。そして、音楽や自分なりの目標や夢の実現に向け、真摯に音楽と向かい合っています。また、逆境やアクシデントをチャレンジ精神やポジティブ・シンキングで乗り越える強さとしなやかさもあわせもち、演奏前や演奏中には高い集中力を発揮しています。

　さて、日々の練習の集大成として最高のパフォーマンスをするため、本番に理想的な心理状態で臨むためには、心の使い方や感情・気分のコントロールができるようになることが必要です。

●こころのトレーニングを始めよう！

　まずは、これまでやっていたこと、できそうなこと、やってみようかなと思えることに意識的に取り組んでみましょう。

①**練習前後に深呼吸をしたり、目を閉じて心を落ち着かせる**
　　緊張・不安、やる気のコントロール
②**練習中に集中できなくなったときに体を動かしたり、気分転換をする**
　　集中力の維持・向上
③**ちょっとした空き時間や移動時間を利用して曲のイメージを膨らませる**
　　イメージトレーニング
④**本番で拍手喝さいを受けている自分を想像する**
　　イメージトレーニング

⑤練習記録をつける

　目標設定とセルフモニタリング（記録と振り返り）

⑥寝る前にストレッチやリラックスする時間をとる

　ストレスの予防・対処

●「練習記録」と「振り返り」でステップアップ！

　上達のためには、本番や目標への取り組み過程や練習内容・成果、体調・気分、できごとを記録し、振り返ることが大切です。記録と振り返りを行うことにより、自分の状態や課題、自分自身の体調や気分の波、練習の成果が現れるプロセスやパターンに気付けるようになります。また、記録することで、取り組み内容や頑張ってきたこと、工夫したことなどを、自分の目で見て確認することができるため、やる気を高く保つことにもつながります。本番前など不安が大きくなったとき、自信がもてないときに、あなたの練習記録があなたを励まし、本番に向かう背中を押してくれることでしょう。

練習記録の例

わたしの練習日記

日付	できた?	練習内容	結果	体調・気分
4月8日(月)	△	基礎練	スケールをいつも間違える	寝不足
4月9日(火)	◎	課題曲のC	うまくできた	元気
4月10日(水)	○	パート練	Eのユニゾンがそろった！	元気
4月11日(木)	△	譜読み	臨時記号で間違える	だるい
4月12日(金)	○	課題曲の全体合奏	いい感じ！	◎！
4月13日(土)	×	イメトレ	模試でほとんどできなかった	微熱
4月14日(日)	○	ロングトーンとスケール	10分だけだったけど、集中していい音が出せた	元気。午後からは遊んだ

《4月2週目まとめ》　←振り返る（1週間でなく1か月単位でもよい）

●先週より音が良くなってきたかも。
●指はやっぱり難しいから来週はゆっくりから練習しよう。

● 「振り返り」のポイント

　これまで練習してきたことや取り組んできた課題、目標が十分に達成できたかについて考えましょう。

　本番の成績や順位、点数、合否、ミスタッチの有無など「結果」も気になりますが、「プロセス（これまでの頑張り）」に注目しましょう。

●音楽と長く楽しく付き合っていくこと

　心理学者のアンジェラ・リー・ダックワース博士は、一流と呼ばれる人たちは、生まれもった才能や資質に恵まれている特別な人なのではなく、グリット（やり抜く力）と呼ばれる一つのことにじっくりと取り組み、失敗や挫折にめげずに粘り強く取り組む力や努力を続ける力が非常に高いことを明らかにしました。ダックワース博士は、「努力によって初めて才能はスキルになり、努力によってスキルが生かされ、さまざまなものを生み出すことができる」と言っています。たとえ、２倍の才能があっても２分の１の努力では決してかなわないというのです。

グリット（やり抜く力）

●情熱
- 一つのことにじっくりと取り組む姿勢
- 長期間、同じ目標に集中し続ける力

●粘り強さ（根気）
- 挫折にもめげずに取り組む姿勢
- 必死に努力したり挫折から立ち直る力

せっかく始めた音楽を「才能がない」「素質がない」と言ってあきらめてしまったり、頑張ることをやめてしまったら、それは、自分で自分の可能性の芽を摘み、自らできるようになる未来を放棄してしまっていることと同じことになってしまいます。もし、「どうせ」「無理」「できない」と弱気の虫が出てきてしまったら、あきらめてしまう前に、音楽を好きだ・楽しいと思う気持ちや、初めて楽器に触れたときのこと、初めて良い音が出せたと思えたときのこと、仲間や聴衆と心を通わせ音を合わせて紡いだメロディーや一体感を思い出してみてください。

　そして、できない・うまくいかない今のことばかりにとらわれ続けて、ただやみくもに練習を繰り返すのではなく、できるようになった未来を明確に思い描きながら、できない今とできるようになった未来の違いを考えてみましょう。

　そうすると、できるようになるためにどうすればよいのか、今、自分に必要な練習は何か、乗り越えるべき課題は何かをはっきりさせることができます。さらに、うまくできている人のまねをしてみたり、うまくいくコツを見つけたり体感したりしながら、さまざまな工夫や試行錯誤を繰り返すことが、課題を克服するための具体的で現実的かつ効果的な練習にもつながります。

　才能や能力は伸びるものだと信じ、「今はまだできなくても、練習すればできるようになる」と考えるようにすると、今はまだできない課題の克服のための努力や挑戦を続けていく力が生まれてきます。まずは、「必ず、できるようになる！」と強く信じ、日々、できたことやできるようになったことに注目しながら、あきらめず、粘り強く、できるようになっていくプロセスを楽しみつつ、音楽と長く楽しく付き合っていってください。

大場ゆかり　九州大学大学院人間環境学研究科博士後期課程修了。博士（人間環境学）。武蔵野音楽大学専任講師としてメンタル・トレーニング等の講義を担当。『もっと音楽が好きになる　こころのトレーニング』を音楽之友社より刊行。

著者プロフィール

福川伸陽（ふくかわ・のぶあき）

NHK交響楽団首席奏者。第77回日本音楽コンクール ホルン部門第1位受賞。ソリストとして、パドヴァ・ヴェネト管弦楽団、京都市交響楽団、日本フィルハーモニー交響楽団、東京フィルハーモニー交響楽団他多くのオーケストラと共演している。日本各地やアメリカ、ヨーロッパなどに数多く招かれており、「la Biennale di Venezia」「ラ・フォル・ジュルネ・オ・ジャポン」「東京・春・音楽祭」などをはじめとする音楽祭にもソリストとして多数出演。

もっと音楽が好きになる　上達の基本　ホルン

2019年 3月31日　第1刷発行
2024年 5月31日　第5刷発行

著者	——	福川伸陽（ふくかわのぶあき）
発行者	——	時枝　正
発行所	——	株式会社　音楽之友社

　　　　　〒162-8716　東京都新宿区神楽坂6-30
　　　　　電話　03（3235）2111（代表）
　　　　　振替　00170-4-196250
　　　　　https：//www.ongakunotomo.co.jp/

装丁・デザイン ── 下野ツヨシ（ツヨシ＊グラフィックス）
カバーイラスト ── 引地　渉
本文イラスト ── かばたたけし（ツヨシ＊グラフィックス）
楽譜浄書 ── 中村匡寿
写真 ── 岡崎正人
モデル ── 西本葵
協力 ── 野中貿易株式会社　飯塚丈人　株式会社ダク　山中章代
印刷・製本 ── 共同印刷株式会社

©2019 by Nobuaki Fukukawa　Printed in Japan
ISBN978-4-276-14586-3 C1073

本書の全部または一部のコピー、スキャン、デジタル化等の無断複製は著作権法上の例外を除き禁じられています。また、購入者以外の代行業者等、第三者による本書のスキャンやデジタル化は、たとえ個人や家庭内での利用であっても著作権法上認められておりません。
落丁本・乱丁本はお取替いたします。